Verlag Frank-Daniel Schulten

Arnold Daniel

LENNESAGEN

Das Original (Band 1) erschien 1882 zu Schwerte (Verlag Carl Braus) unter dem Titel: *Sagen und Geschichten von der mittleren Lenne. Gefundenes und Gesuchtes. Von A. Daniel.*

Band 2 wurde unter demselben Titel, aber ohne Jahresangabe von W. Crone jr. in Lüdenscheid herausgebracht.

Lektorat und sprachliche Überarbeitung des Ursprungstextes: Frank-Daniel Schulten.

1. Auflage, Mai 2016, zur Eröffnung der Lennepromende in Letmathe.

Cover: Stahlstich von Carl Mayer, 1850. Privatsammlung des Herausgebers.
Umschlaggestaltung: www.entwurf-satz-druck.de.
Druck: BoD GmbH, Norderstedt.

Printed in Germany.

ISBN 13: 978-3-932961-47-2.

INHALT

Dahle

Sagen und Geschichten

von der mittleren Lenne

Gefundenes und Gesuchtes

von

A. Daniel

Schwerte 1882

Druck und Verlag von Carl Braus

Gefundnes und Gesuchtes, beide Namen,
Möcht' ich dem Büchlein auf die Stirne schreiben.
Weil ich gefunden, hab' ich suchen müssen.
Und weil ich suchte, habe ich gefunden.

Im Dampf der hohen Schlöte muss die Sage,
Die lieblich dichtende, ersticken!
In dem betriebsam hastenden Gedränge
Wird unbarmherzig ihr Gewand zerrissen.

Nur zarte Flitter sind's noch, die die Luft durchfliegen, –
Doch kannst du einen schmalen Saum nur haschen,
Greif zu! Du hast gefunden, suche weiter!

Und ob das Ganze du nicht finden mögest:
Greif zu! Du musst, um mehr zu finden,
Das Ganze aus den Flittern dir gestalten.

Vorwort

Mit der Eröffnung der „Lennepromenade“ in Letmathe im Mai 2016 und anderen zahlreichen Aktivitäten rings um das Projekt „Lenneschiene“ ist ein neues Zeitalter für die „Lebensader des Sauerlandes“ angebrochen. Während es lange Zeit vorrangig die Industrie war, die sich rings um den Fluss angesiedelt hat, rücken nun die Schönheit der Landschaft und der Erholungsaspekt immer stärker in den Vordergrund. Einen ganz anderen Blickwinkel dagegen berührt das vorliegende Buch. Der Sagen- und Legendenschatz der Region rings um die Lenne, insbesondere jener der kleineren Orte wie Dahle, Neuenrade und Elveringsen, ist nach wie vor nur ansatzweise veröffentlicht, trotz der verdienstvollen Sammlungen und Publikationen zahlreicher Heimatforscher. Aus diesem Grund hat sich der Verlag entschlossen, diesen Neudruck eines beinahe verschollenen Klassikers begleitend zur Einweihung der Letmather Lennepromenade herauszugeben.

Über den Verfasser sind nur wenige biographische Details bekannt. Die zweibändige Erstausgabe der *„Sagen und Geschichten von der mittleren Lenne“* von 1882 nennt noch nicht einmal seinen Vornamen und kürzt ihn lediglich mit dem Anfangsbuchstaben „A.“ ab. Auch das Iserlohner Stadtarchiv besitzt keinerlei Informationen über Arnold Daniel.[1] Einige Hinweise auf sein Leben finden sich indes in Philipp Meyer, *„Pastoren der Landeskirche Hannovers und Schaumburg-Lippes seit der Reformation“*, Band 1, Göttingen 1941, in dem Kapitel *„Akten der evangelisch-reformierten Landeskirche, Leer“*: „Arnold Daniel (*7.10. 1840 Soest,

---

[1] Der Verfasser dankt dem Leiter des Iserlohner Stadtarchivs, Herrn Rico Quaschny, für die freundliche Mitteilung. (E-Mail vom 11.04. 2016).

†7.4. 1924 Aurich) studierte Theologie und war nach seiner Ordination am 25.7. 1866 mehrere Monate Verweser der reform. Pfarrstelle zu Stadtberge und wurde ab November des Jahres Pastor in Werdohl/Westfalen. Im Mai 1885 kam er als zweiter Pfarrer nach Leer/Ostfriesland, anschließend wirkte er von 1896 bis zu seiner Emeritierung am 1.11. 1910 als Pastor, Superintendent und ab 1907 als Konsistorialrat in Aurich."

An weiteren Werken aus seiner Feder nennt der Anhang der „*Lennesagen*" von 1882 noch diese beiden Titel: A. Daniel: „*Aus der Vorzeit Werdohl's. Ein Vortrag*", Lüdenscheid (W. Crone jr.) 1882, sowie A. Daniel: „*Die Bedeutung der materiellen Leiblichkeit in dem Weltplane Gottes. Eine heterodoxe Studie*", Heidelberg (C. Winter) 1881.

Zu dem letzteren Werk wird der „*Theologische Literaturbericht*" mit folgender Rezension zitiert: „Dies Buch bietet eine sehr interessante Studie über die materielle Leiblichkeit auf Grund biblisch realer Anschauung. Es wird hier eine Frage behandelt von so eminent fundamentaler Bedeutung, daß ihre Beantwortung auf die Beurteilung fast aller wichtigen ethischen, dogmatischen und religionsphilosophischen Probleme und namentlich auf die Lehre von den letzten Dingen entscheidend wirkt. Wenn der Verfasser diese seine sorgfältige Studie heterodox nennt, so erklärt er das in den Worten: Jedenfalls dürfen wir uns der Hoffnung hingeben, der biblischen Lehre von der neuen Erde mehr gerecht geworden zu sein, als die übliche kirchliche Auffassung es vermag, welche in ihrem ideologisch verflüchtigenden Systeme die neue Erde völlig entbehren könnte. – Die biblische Wahrheit wird in der That in dieser Schrift sehr geistreich und in sehr schöner Darstellung behandelt."

Relativ bekannt und noch im späten 20. Jahrhundert nachgedruckt wurde Daniels Studie *„Vom Volksaberglauben in Ostfriesland"* (Aurich 1912, Ndr. Leer 1989). Zudem veröffentlichte er noch ein Werk mit dem Titel *„Aus Natur und Menschenleben"*, Emden 1892, sowie verschiedene Artikel in: *„Ostfriesisches Monatsblatt für provinzielle Interessen"*.

Allen Originalausgaben des Danielschen Oeuvres ist gemeinsam, dass sie sehr selten sind und sich nur in wenigen öffentlichen Bibliotheken finden. Das gilt insbesondere für die *„Lennesagen"*, die zu den absoluten Raritäten der westfälischen Sagenliteratur des 19. Jahrhunderts zählen. Diese Neuausgabe soll daher das Buch einer breiteren Leserschaft wieder zugänglich machen. Der Text wurde von der Frakturschrift in eine moderne Type übertragen und sprachlich und inhaltlich behutsam überarbeitet. Dabei wurden Änderungen am Textkorpus dort vorgenommen, wo Daniel allzu bemüht versucht, manche Sagen mit rationalen Erklärungen oder theologischem Beiwerk zu befrachten. Als protestantischer Autor mit volksaufklärerischem Anspruch ist er dabei manchmal deutlich übers Ziel hinausgeschossen und hat so den eigentlichen Kern seiner ansonsten plastisch geschriebenen Erzählungen verwässert. Nicht aufgenommen wurde die Geschichte *„Der gespenstische Esel von der Giebel"*, da es sich hierbei um keine Sage handelt, sondern um einen rein humoristisch-anekdotischen Bericht. Die anderen hier veröffentlichten Sagen und Legenden zeigen jedoch, trotz mancher motivlicher Wiederholungen, wie lebendig der Überlieferungsschatz rings um die Lenne war und auch heute noch ist.

Der Herausgeber, Mai 2016.

Die verwunschenen Fräulein vom Heidenstein

Vor vielen, vielen Hundert Jahren, so meldet die Sage, stand auf der Versevörder Ley ein klobiges Ritterschloss, der „Heidenstein“ genannt. Noch heute, wenn man droben auf dem steilen Felsgrat steht, ist einem zumute, als träte man auf den Ringwall einer alten Burg. Schade, dass dieser romantische Punkt mit der herrlichen Aussicht über Lenne und Verse, über das stattliche, stadtähnliche Dorf mit seinen hohen Schornsteinen und seinen Palästen nun bald vor den Dynamitpatronen der Steinbrecher in Trümmer sinken wird!

Damals aber schaute die düstere Burg in ein düsteres Land. Mit dichtem Urwald waren die Höhen und die Täler bedeckt. Kein Wehr staute den rauschenden Fluss und zwang seine Wasser in den Dienst der Menschen. Nur hier und da lugte aus dichten Buchen und Eichen das niedrige Strohdach einer ärmlichen Fischerhütte hervor. Nur da und dort hatte ein starkknochiger Bauer begonnen, ein kleines Stück Wald urbar zu machen, um kärgliches Brotkorn darauf zu ziehen. Und es war wie ein Wunder, als eines Tages fremde Mönche da unten im Tal auf der Flussinsel, dem Wert, das unserem Ort den Namen Werdohl gegeben hat, den Grundstein legten zu einer kleinen Kapelle, in der die Heiden gelehrt werden sollten: *„thaz sie kriste sungun in îren zungun“*. Einige hatten sich der neuen Lehre bereits angeschlossen, und die klugen Mönche verstanden es, den so tief im Volksherzen eingewurzelten heidnischen Götterglauben, die hohen und edlen Gestalten der altgermanischen Mythologie, unbemerkt mit christlichem Gehalt zu erfüllen.

Allfadur wurde zum Gottvater, Wotan, Thor und die edlen Asen wurden zu den Engeln und Gesandten des

Christengottes. Loki, der Mephisto der alten germanischen Götterwelt, wurde zum Teufel, Frigga, Wotans Gattin, vielfach auch Frau Holda, Frau Holle genannt, die hochherzige Göttermutter, die Schutzgöttin der Weiblichkeit, wurde zur Jungfrau Maria umgewandelt. Und die herrliche Gestalt Baldurs, ihres Sohnes, und sein tragisches Geschick, wie er von des blinden Hödurs Mistelpfeil getroffen, den Lokis Hand gelenkt hatte, sein junges Leben aushauchen musste, gab die schönsten Züge her, um das Bild Christi dem Herzen des Volkes näherzubringen.

In der „*Frithjofssage*" singt der alte Barde darüber:

Von einem Baldur sagt der Süd, dem Sohn der Magd,
Die Runen zu erklären, sandt Allfadur ihn,
Die auf der Nornen Schild noch ungedeutet stehn.
Sein Feldgeschrei war Friede, Liebe war sein Schwert,
Und Unschuld saß der Taube gleich auf seinem Helm.
Fromm lebt und lehrt er, so auch starb er und verzieh,
Und unter fernen Palmen steht sein Grab im Licht.
Doch seine Lehre geht, so heißt's, von Tal zu Tal,
Erweichet harte Herzen, leget Hand in Hand
Und baut das Reich des Friedens auf versöhnter Welt.

Von diesen Dingen war ein dunkles Gerücht auch in die Burg am Versevörder Ley gekommen. Aber der Ritter, der dort hauste, wollte nichts davon wissen. Er war ein wüster, roher Geselle. Wehe dem friedlichen Kaufmann, der auf den schmalen Saumpfaden mit seiner Ware über das Riesei rechts oder über den Oesterberg links gezogen kam, wenn er dann in seine Hände fiel! Und auch die armen Fischer unten am Fluss seufzten unter seiner rohen Gewalt.

Zum Glück waren dem Ritter keine Söhne beschert. Sie würden noch wilder als der Vater geworden sein! Aber auch so war es schon schlimm genug. Drei Töchter hatte seine Ehefrau dem Ritter hinterlassen, als sie starb. Schön waren sie von Leib, aber boshaft von Seele. Sie kamen ganz auf den Vater heraus. Und dieser hatte seine Freude daran, wie sie, jungen Herren gleich, früh schon auf seinem Streitross ritten und am liebsten mit seinem Schwertgurt spielten. Und als sie nun groß wurden, da griffen sie statt zu Spindel und Rocken, wie es Edelfräulein geziemt hätte, am liebsten zu Bogen und Spieß, nicht bloß das scheue Reh, sondern auch den heulenden Wolf, den grimmen Ur, und den täppischen Bären zu jagen im Forst. Ja, mehr als einmal zogen sie mit dem Vater auf seine Raubzüge, und kein roher Krieger konnte wüster den armen Gefangenen mitspielen, als die hartherzigen Jungfrauen es taten.

Lange schon hatten sie es so getrieben, und die wilden Jungfern vom Heidenstein waren der Schrecken der ganzen Gegend. Da kam einst ein altes Mütterlein und pochte an die Burgpforte, als begehrte sie einen Zehrpfennig und einen Imbiss zu erbetteln. Frau Holle war es, die sich so verkleidet hatte, um nach ihrer Art die wilden Fräulein zu weiblicher Sitte und Arbeit zu mahnen. Die aber hörten kaum ihr Wort, da wiesen sie die Alte schon mit Schimpf und Spott hinweg. Ja, sie drohten ihr sogar mit der Peitsche, wenn sie sich wieder bei ihnen blicken lasse. Da kehrte die Alte traurig um, aber im Weggehen hob sie ihren Krückstock und rief: „Heut geh' ich, aber übers Jahr komm' ich wieder. Weh' euch, wenn ihr bis dahin nicht spinnen und wickeln und weifen[2] gelernt habt".

---

[2] Garn winden.

Die Burgfräulein indes schlugen ihr Wort in den Wind, und setzten nur eifriger ihre Lebensweise fort und wüteten nur noch grausamer gegen die unschuldigen Opfer ihres Vaters. Da kam der Tag wieder, an dem sie vor einem Jahr die Alte fortgeschickt hatten. Und siehe, früh am Morgen pochte es an die Burgpforte. Als sie öffneten, stand die Alte wieder da. Kaum hatten die Fräulein sie gesehen, da hetzten sie die wilden Rüden auf sie los. Aber die wichen scheu vor ihr zurück, und die Alte sprach: „Ihr habt das Gute nicht lernen gewollt, so will ich euch in meine Lehre nehmen. Ehe denn der Abend kommt, wird man euch richten wegen all eurer Frevel, und von dieser Burg wird kein Stein mehr auf dem anderen bleiben. Eure Seelen aber werden heimatlos sein. Doch in den Sturmnächten sollt ihr im grünen Wald im Angesicht eurer versunkenen Herrlichkeit sitzen und spinnen und wickeln und weifen, bis eine Zeit kommt,

…wo Weibesart
So fromm und zart,
Mit lindem Sinne treu gepaart,
Die das Haus beglückt,
Die die Müden erquickt,
Alle Frauen schmückt.“

Und während die Alte noch sprach, wurde ihre Gestalt plötzlich riesengroß. Das arme, zerlöcherte Gewand zerfloss, das runzlige Angesicht wurde glatt, und Frau Holda stand vor ihnen, mit ernstem Blick, hehr und gewaltig. Nicht Frau Holda, von der die alten Märchen ihnen erzählt hatten. Es war noch etwas Unbeschreibliches an Erhabenheit an ihr ... Zum ersten Mal in ihrem Leben erschreckt, wagten die bösen Jungfrauen nicht, den Blick zu erheben. Doch als sie nun nichts mehr hörten und aufschauten, da war die Stätte leer. Nur eine feine, rosenrote Wolke zog übers Tal.

Erschüttert erzählten sie ihrem Vater, was sie gesehen und gehört hatten. Der aber fluchte und wetterte, und schalt seine Töchter Närrinnen, dass sie am hellen Tag Gespenster sähen. Viel lieber, meinte er, sollten sie heute mit ihm ziehen. Es gelte ein lustiges Jagen auf die Boten des Erzbischofs von Köln, die, mit Gaben für den frommen Bau da unten beladen, heute noch übers Rott herkommen würden, wie seine Kundschafter ihm berichtet hatten.

Als die Jungfrauen den Vater so sprechen hörten, war bald jeder gute Vorsatz verwischt und ihr Sinn wieder rauh und wild. Bewaffnet wie Kriegsleute zogen sie mit den anderen Mannen von der Burg und legten sich in den Felsen in den Hinterhalt. Bald kamen auch die Knechte des Bischofs mit beladenen Saumtieren. An ihrer Spitze ging ein ehrwürdiger Greis mit weißem Bart, ein Kreuz in seinen Händen. Der Ritter aber, als er sie sah, stieß ins Horn, fiel mit seinen bösen Raubgesellen über die Knechte her und ermordete sie, und die Jungfrauen halfen ihm dabei.

Der Weißbart aber war schwer verwundet mit seinem Tier gestürzt und hinuntergerollt bis zur halben Bergeshöhe, unter die alten Büsche zwischen die Felsen. Da lag er, und sein Blut troff ihm in den Bart. Die Jungfrauen aber hatten es bemerkt und eilten herab, ihm den Garaus zu machen. Mit matter Stimme bat der greise Mönch um sein Leben, und schützend hielt er dabei das Kreuz vor seine Brust. Sie aber zerschlugen das Kruzifix in seiner Hand mit höhnenden Worten und stießen und schlugen den tödlich Verletzten, bis er seinen Geist aufgab.

Inzwischen aber hatten die Fischer unten am Fluss, die schon längst einen bitteren Groll auf den grausamen Ritter hatten, das Kampfgetöse und die Schlachtrufe gehört. Sie berichteten es den Werkleuten an der Kapelle, die um des Erzbischofs Sendung wussten. Deshalb schwante ihnen nichts Gutes, und sie kamen herbeigeeilt. Die Fischer begleiteten sie mit ihnen mit Äxten, Hämmern und Keulen. Und da sie fanden, was sie befürchteten, erschlugen sie den Ritter samt seinen Knechten, da sie gerade der Beute sich bemächtigten, so dass auch nicht ein Einziger entrann. Die grausamen Jungfrauen aber hielten sie nicht wert, von ehrlichen Männern erschlagen zu werden, sondern banden sie und warfen sie von dem höchsten und steilsten Fels, so dass sie zerschmettert zwischen den Steinen ihre schwarzen Seelen aushauchten.

Im selben Moment ertönte aber ein lauter Knall. Die Erde erbebte, und – siehe! Am Versevörder Ley hatten sich die Felsen aufgetan und das Raubschloss mit all seiner Herrlichkeit verschlungen, so dass nur der schmale, scharfe Felsgrat übrig blieb, an den seine Mauern sich gelehnt hatten.

Als es nun aber Abend wurde, da erhob sich ein brausender Sturm, und unter der alten Buche, wo die drei Fräulein ihre letzte Übeltat vollbrachten, vernahm man ein leises Wimmern, als ob jemand bitterlich weine. Und dann wieder erhob sich ein geheimnisvolles Surren und Wispern, als ob jemand spinne und spule. Und dann wieder nach einer Weile erklang ein Knistern und Knacken, als ob jemand den Haspel drehe und die Stückzahl merke. Das waren die verwunschenen Jungfrauen vom Heidenstein. Die eine spann, die andere wickelte, die dritte weifte, und alle drei weinten dabei. Und so mussten sie es tun, so oft der Sturm sich erhob, jahraus, jahrein. Aus den Tränen aber, die die Jungfrauen weinten, ist der Eickesborn entstanden, der noch heute plätschernd vom Berg rieselt.

So berichtet es die alte Sage. So vernahmen sie die Kinder von ihren Eltern und erzählten es wieder ihren Kindern. Und wenn von der ursprünglichen Gestalt der Sage auch manches Stücklein im Laufe der Jahrhunderte abgebröckelt ist, der Glaube an die verwunschenen Jungfern am Eickesborn ist doch geblieben. Viele haben mit eigenen Ohren das Weinen und Schluchzen, das Spinnen und Wickeln und Weifen gehört, und manche wollen auch die drei Jungfrauen wie Nebelstreifen gesehen haben. Dem Wanderer aber, der nachts den einsamen, geheimnisvollen Pfad durch den Stein zu wandern gezwungen ist, graust es noch heute an der verrufenen Stelle. Mit Zittern und Zagen schreitet er schneller voran und gedenkt seiner Sünden.

Seit Jahren ist die alte Buche verschwunden, denn ihr Besitzer glaubte nicht an die Sage und wollte auch nicht, dass andere an sie glauben. Darum ließ er sie fällen. Und die Jungfrauen vom Heidenstein haben notgedrungen ihre Wohnung wechseln müssen, wenn sie überhaupt noch da sind.

Die beiden Fräulein von Pungelscheid

Wer auf dem schmalen Bergpfad jenseits der Verse links von Versevörde die Höhe der Repke erklimmt und wieder ins jenseitige Tal herniedersteigt, der sieht zu seinem Erstaunen ein Gehöft vor sich, wie man es sonst in unseren Bergen nicht oft zu finden pflegt. Es sind die

Überreste der alten Burgfeste Pungelscheid. Wohl ist es nur ein Bauernhaus wie viele, in dem der jetzige Besitzer wohnt. Aber der Hofraum ist rings von einer, nach der Nordseite zu noch ziemlich wohlerhaltenen, Mauer mit Schießscharten eingeschlossen. Ein mächtiger, steinerner Torbogen mit dreieckigem Giebel lädt zum Eintritt ein. Quer über den ganzen inneren Burghof zieht sich ein gepflasterter Weg. Links vom Eingang steht das bereits erwähnte Haus, über dessen Tür das alte Wappen derer von Neuhof eingemauert ist, welche seit dem Jahr 1400 die Besitzer der Burg waren. Rechts ist die Mauer mit ihren Nischen und Schießscharten. In ihrer Mitte ungefähr mündet ein unterirdischer Gang, dessen Länge noch keiner zu erforschen wagte. Von ihm geht die Sage, dass die Burgherren, welche ehemals das gewinnreiche, aber unsaubere Gewerbe des Straßenraubes betrieben haben sollen, den Gang durch Gefangene anlegen ließen. Er habe in der Nähe von Versevörde gemündet und dazu gedient, den plötzlichen Überfall vorüberziehender Kaufleute und feindlicher Ritterzüge sowie das blitzschnelle Verschwinden des Raubes und der Räuber zu ermöglichen. Andere halten den Gang für einen Wasserstollen, der dem naheliegenden Brunnen das Wasser zuführen sollte. Der Augenschein spricht indes dagegen, und es ist jedenfalls ein Geheimnis dahinter verborgen, das der Aufklärung wohl wert wäre.

Am nordwestlichen Ende des Burghofs liegen noch die Trümmer des letzten vor einer Reihe von Jahren eingestürzten Turms, der sich an das Schloss anfügte. Die Keller, welche darunter lagen, sind zum Teil noch wohlerhalten, und eiserne Ringe an den Wänden zeigen die Stellen, wo die Ritter in dunklem Verlies ihre Gefangenen anzuketten pflegten. Mit Grausen zeigt Euch auch ein kundiger Führer die Stelle, wo man einst das Gerippe eines zum Schutz der Burg eingemauerten Kindes gefunden hat. Dies pflegte man nämlich zu tun in jenen dunklen Zeiten, in denen die Burg erbaut wurde.

Es war eine Art heidnisches Opfer. Man meinte, wenn man ein lebendiges unschuldiges Kind bei einem wichtigen Neubau, also einer Burg, einem Palast, einer Stadtmauer, einer Brücke etc. einmauere, so stehe der Bau durch dieses gewissermaßen immerwährende Opfer an die göttlichen Mächte unter beständigem Schutze der Götter, besonders Wotans. Bis tief ins Mittelalter hinein wurde dieser scheußliche Frevel geübt. Von der Burg Liebenstein in Thüringen erzählt man eine rührende Sage: Man habe damals, als die Burg gebaut wurde, einer Landstreicherin ihr Kind, ein liebliches Mägdlein, abgekauft, ihm eine Semmel in die Hand gegeben und es dann eingemauert. Händeringend habe die Mutter, die das nicht geahnt hatte, dabeigestanden und gerufen: „Gebt mir mein Kind wieder, gebt mir mein Kind wieder!“ Das Kind aber habe geglaubt, man wolle mit ihm nur einen Scherz treiben, und es habe, so lange es noch heraussehen konnte, seiner Mutter zugerufen: „Mutter, jetzt sehe ich dich noch ein klein wenig“, und zuletzt: „Mann, lass mir doch ein kleines Gucklöchlein“. Als dann Meister und Gesellen eine menschliche Rührung überkam und sie nicht weitermauern wollten, da habe es der Lehrling getan und das Kind habe noch einmal gerufen: „Mutter, jetzt sehe ich dich gar nicht mehr“. Die Mutter aber sei dann wahnsinnig an der Mauer zusammengebrochen. – Ja, bis in die neuere Zeit hinein ging der Aberglaube, dass man beim Bau einer Brücke oder einer wichtigen Befestigung eines Kindes bedürfe, um den Bau festzumachen.

Von der 1841 gebauten Elisabethbrücke über die Saale bei Halle glaubt das Volk allgemein, es sei ein Kind darin eingemauert. Auch am Jadebusen soll man ein Kind in den Deich verschüttet haben, als seitens unserer Regierung vor einigen Jahren der Kriegshafen dort angelegt wurde. Und selbst von der Eisenbahnbrücke hinterm Scherl, kurz vor Werdohl, lautet das Gerücht: die wüsten polnischen und preußischen Arbeiter hätten einen ihrer rohen Mitgenossen trunken gemacht, um ihn einmauern zu können, und würden sicherlich ihr Vorhaben ausgeführt haben, wäre nicht ein Aufseher hinzugekommen.

Auch sonst bietet die alte Burg Pungelscheid mancherlei Merkwürdiges, und geheimnisvolle Sagen flüstern durch das zerfallene Gemäuer. Denn viele Jahrhunderte sind darüber hingezogen mit Freud und Leid. Viel Leben war ehemals in der Feste. Viel Glanz beherbergten die hohen Gemächer. Viele Gäste zogen dort aus und ein. Vornehmlich waren es Kriegsleute mit wallendem Federbusch, bunter Schärpe und eiserner Rüstung. Pungelscheid war nämlich eine Art Grenzfeste des Erzbischofs von Köln gegen die Grafen von Arnsberg. Aber es waren nicht immer glückliche Zeiten denen da oben beschieden. Bisweilen herrschte Überfluss, oft aber auch Mangel in der Burg. Dann wurde die Zahl der Knechte und Bediensteten auf das Notwendigste beschränkt, und bei außergewöhnlichen Gelegenheiten wurden die Bewohner der Festungsvorwerke Repke und Almecke zu Dienstleistungen herangezogen.

In einer solchen Zeit des Mangels spielt unsere Geschichte, die verschiedentlich erzählt, oft auch in die neuere Zeit hineinverlegt wird. Indes, ich habe Gründe anzunehmen, dass sie sehr alt ist.

Versetzen wir uns im Geist in die zweite Hälfte des elften Jahrhunderts. Damals war der alte Ritter von

Pungelscheid gestorben und hatte seine betrübte Witwe nebst seinem Sohn Stephan und zwei Töchtern aus erster Ehe, Adelgunde und Wiltrude, zurückgelassen. Die Haushaltung war zu den Zeiten des alten Herrn sehr kostspielig gewesen. Große Gelage hatten sein Vermögen aufgebraucht, und die trauernde Witwe konnte von Glück sagen, dass mit dem Tod ihres Gatten auch der Schwarm der übermütigen Zecher sich zurückgezogen hatte, und dass der Abt des Klosters *ad sanctae Mariae gradus* zu Köln, dessen Lehnsleute sie waren, sie ungestört dort weiter hausen ließ, bis ihr Sohn Stephan das Lehn werde verwalten können.

Die Bewohner der Burg ergaben sich mit viel Würde in ihr Unglück. Indes, diese einsame Zeit auf der Feste im entlegenen Waldbezirk hatte viele Schattenseiten. Die Töchter, liebreizend und zart, wuchsen heran, aber kein Freier meldete sich, um die armen Fräulein zu begehren. Und das war doch die ständige Sorge der Stiefmutter. Denn wenn sie auch die Töchter nicht gerade hasste, die ihres Sohnes Erbe schmälerten, so hätte sie doch gerne gesehen, dass reiche Freier gekommen wären, die nach der Mitgift nicht zu fragen brauchten.

Da kam eines Tages vom Hofe des Kaisers, wo er Geschäfte gemacht hatte, der reiche Graf Erpo von Padberg mit einem edlen Ritter seiner Sippe, Curt von Berinchusen, auf der Heimfahrt durch unsere Berge. Der Abend war hereingebrochen, und die Ritter waren müde von der Reise. So begehrten sie denn nebst ihrem Gefolge Nachtquartier und Zehrung in dem stattlichen Burgbau zu Pungelscheid, der ihnen von weitem aufgefallen war. – Es waren aber beide wüste Gesellen, besonders der Graf, von dessen Untaten viele alte Geschichten erzählen. Doch waren beide unbeweibt, nur dass der Graf zwei

Frauen bereits zu Grabe getragen hatte, über deren Ende man mancherlei munkelte im Volk, was man sich aber laut zu sagen scheute. Als sie nun in die Burg eingelassen waren und nach alter Sitte beim Met zusammensaßen, mit der Burgherrin und ihren Kindern im Rittersaal, da führten die Ritter ohne Rücksicht auf die Anwesenheit der edlen Fräulein lästerliche Reden, rühmten sich ihrer Gewalttaten und zeigten, dass ihnen nichts heilig war. Mehr als einmal wollten sich die beiden Fräulein in ihre Kemenate zurückziehen, aber ein mahnender Blick der Mutter zwang sie jedes Mal, noch zu bleiben. Denn diese sah mit Freuden, wie ihren vornehmen Gästen der Liebreiz der Töchter in die Augen stach. Darum bot sie auch alles auf, um sie hervorzuheben als die Zierden ihres Hauses, die wohl des besten Gatten wert seien. Und die Ritter gestanden auch offen, dass sie lieblichere Gestalten und holderes Benehmen nie gesehen hätten. Man trennte sich erst spät in der Nacht.

Am nächsten Morgen aber, – siehe! Da traten beide Ritter zur Burgherrin, und Graf Erpo bat: „Edle Frau, Eurer Töchter Schönheit und adlige Zucht hat uns beiden das Herz abgewonnen. Gebt sie uns mit, so dass sie unsere trefflichen Haus-Ehren werden, mir Adelgunde, und Wiltrudis meinem Freund Curt. Wir wollen sie friedsam und ehrsam halten, versorgen und beschützen." Als das die Edelfrau hörte, verneigte sie sich züchtig vor ihren Gästen und gab ihnen gute Verheißung. Dann aber ging sie hocherfreut zu ihren Töchtern und sagte ihnen der Ritter Begehr und was sie ihnen versprochen hatten. Die aber gerieten schier außer sich vor Angst und edlem Zorn. Denn ihren empfindsamen Herzen war die rohe Weise der Ritter aufs Tiefste verhasst geworden. Da die Mutter aber auf ihrem Willen bestand und sogleich Zustimmung von ihnen verlangte, baten sie sich weinend einen Tag Bedenkzeit aus, den ihnen die Mutter wohl oder übel bewilligen musste.

Das war ein böser Tag. Während die Ritter draußen dem Weidwerk oblagen, um sich die Zeit zu vertreiben, saßen die Töchter daheim in ihrer stillen Kammer und berieten, wie sie dem drohenden Geschick entgehen könnten. Am liebsten wären sie gleich entflohen. Viel lieber wären sie arme Mägde eines einfachen Mannes geworden als Edelfrauen, die an solche Wüstlinge gekettet sein würden. Aber bei Tag war ihre Flucht schwer zu bewerkstelligen. Auch hatte die Mutter vorsorglich den Turm hinter sich verschlossen, und an ihrem Fenster waren eiserne Gitter. Endlich wurden sie sich einig, dass sie zur Nacht von der Zinne ihres Turmes hinabsteigen und einstweilen bei der frommen Äbtissin Pulcheria im Kloster auf dem heute noch so genannten „Klosterberg", oberhalb der Borghelle, eine Zuflucht suchen wollten.

Ängstlich erwarteten sie den Abend. Und als sie nun merkten, dass alles still geworden war in der Burg, stiegen sie auf den hohen Söller, knüpften aus ihren Kleidern und selbstgesponnener Leinwand ein Seil, und gelangten damit ohne Unfall am Fuß des hohen Turmes an. Da dankten sie Gott und liefen mit beflügelten Schritten im Schatten des Gehölzes an der Repke vorüber, hinunter zum alten Fährmann an der Voerth, der einer ihrer Burgmannen war. Als der sie sah, erschrak er sehr. Aber sie verständigten sich mit ihm. Er versprach, zu schweigen, und fuhr sie über den Fluss. Am anderen Ufer angekommen, stahlen sie sich unbemerkt zwischen den wenigen Fischerhütten hindurch, die am Wege standen, und gelangten nach schnellem Lauf, atemlos wie gehetztes Wild, an die Pforte des Nonnenklosters, das halb aus Stein, halb wie ein Blockhaus aus rohen Stämmen zusammengefügt, einer der spärlichen Anfänge des Christentums in den Lennegebirgen war.

Auf ihr ungestümes Pochen erschien die Schwester Pförtnerin, und als sie ihr Begehr vernahm, öffnete sie ihnen zwar, verhehlte aber nicht, dass die beiden Flüchtlinge große Gefahr über ihre stille Klause brächten, wenn es ruchbar würde, dass sie hier ihre Zuflucht gefunden hätten. Dennoch führte sie die Mädchen zur Frau Äbtissin, die den beiden Fräulein schon lange gewogen war. Als sie ihr alles gebeichtet hatten, versprach die mutige Frau ihnen Schutz und kleidete sie ins weiße Nonnenhabit. Denn sie hoffte, auch im schlimmsten Fall würden die Ritter, wenn sie die Spur der Flüchtlinge fanden, vor den geheiligten Klosterpforten umkehren und das Nonnengewand ihrer Schutzbefohlenen nicht anzutasten wagen.

Inzwischen war es Tag geworden, und auf Pungelscheid hatte man die Flucht der beiden Fräulein entdeckt und ihre Gründe richtig gedeutet. Die Ritter tobten in grimmigem Zorn, denn sie konnten es nicht verwinden, dass sie, die so reich und so stolz waren, von den armen Edelfräulein verschmäht wurden. Da sie aber durch die Zusage der Mutter ein Recht auf die Töchter zu haben glaubten, machten sie sich alsbald mit etlichen Troßknechten auf, um ihre Spur zu suchen. Anfänglich irrten sie vergebens umher. Endlich aber zeigte der Lieblingshund der beiden Edelfräulein, der den Fußstapfen seiner Herrinnen folgte, ihnen den Weg. So kamen sie zur Voerth an das Fährhaus und erzwangen mit grausamen Martern von dem Fährmann das Geheimnis der nächtlichen Fahrt. Und als sie nun erfahren hatten, in welche Richtung die Flüchtlinge gegangen waren, zogen sie ohne Verweilen vor das Kloster. Roh und wild waren sie, Leute denen nichts heilig war, und sie forderten, dass man ihnen die beiden Edelfräulein herausgebe, die ihre versprochenen Bräute seien. Aber die treue Äbtissin wies solches Ansinnen empört zurück, und sie forderte die Ritter auf, als Edelleute die heiligen Mauern des Klosters zu achten. Die aber antworteten ihr spöttisch, dass sie es nicht gewohnt seien, unverrichteter Dinge abzuziehen, und auch nicht gedächten, vor dieser Klosterpforte ohne die beiden Fräulein umzukehren. Und um ihren Worten Nachdruck zu verleihen, begannen sie, das Tor anzugreifen. Das aber war wohl verwahrt mit Riegeln und Stangen. Da griffen die Ritter, als sie sahen, dass sie nichts ausrichteten, und dass schon der Abend nahte, zu einem teuflischen Mittel, um die Nonnen zur Öffnung der Pforte zu bewegen. Sie zündeten an allen vier Ecken das Holzwerk des Klosters an, das auch bald lichterloh brannte. Als die Äbtissin diese Greueltat sah, befahl sie, eiligst die wertvollsten Geräte des Konvents zusammenraffen. Sie führte die Nonnen durch einen geheimen, unterirdischen Gang hinaus in den Wald und befahl ihnen, sich im Berg zu zerstreuen, die eine hierhin, die andere dorthin, um die Ritter in die Irre zu führen, und bis auf weiteres dahin zu eilen, wo sich jede am sichersten dünke. Das taten sie auch. Die beiden Schwestern von Pungelscheid aber wollten sich nicht voneinander trennen. Sie wussten auch nicht, wohin sie sich wenden sollten, außer zu ihren treuen Burgmannen auf der Repke oder in der Almecke, von denen sie gewiss waren, sie würden sie etliche Tage sicher verbergen, bis die Ritter des Suchens müde wieder abzögen. Dann, so hofften sie, werde es ihnen gelingen, auch die zürnende Stiefmutter zu versöhnen. Darum eilten sie über die Nonnenfuhr der bewaldeten Egge zu, um sich dann im Tal übersetzen zu lassen.

Mittlerweile hatten die Ritter, da alles im Kloster still blieb, die halb verbrannte Pforte zerhauen und unter argem Fluchen das Gebäude leer gefunden. Nun waren sie wieder herausgeeilt, ungewiss, was sie tun sollten. Da, in dem Augenblick, als die fliehenden Schwestern eine Lichtung des Waldes durcheilten, fiel ein Mondstrahl auf ihre weißen Gewänder! Einer der Knappen, der es zufällig gesehen hatte, sagte es den Rittern. Die aber schwangen sich augenblicklich auf ihre Streitrosse und jagten mit lauten Hallo- und Hurrarufen hinter den Flüchtlingen her. Doch die hatten das Johlen gehört und auch im Widerschein des brennenden Klosters gesehen, wie sich ihre Feinde zur Verfolgung anschickten. Die Angst beflügelte ihren Schritt, damit sie wenigstens noch eher über das Wasser kämen als die Ritter zum Ufer. Denn auf der anderen Seite dachten sie, sich im dunklen Tann verbergen zu können, wo ihnen viele unwegsame Stege und felsige Klippen bekannt waren. Aber als sie aus Ufer kamen und angstvoll „hol über, hol über" riefen, da kamen auch schon die Ritter heran. Zwar sanken die Hufe ihrer Rosse im sumpfigen Erlengrund ein, aber das konnte die Jungfrauen nicht retten. Denn die Ritter sprangen aus dem Sattel und liefen den Flüchtlingen entgegen. Die beiden Schwestern aber, voll Verzweiflung und keine Rettung mehr erhoffend, befahlen ihre Seelen Gott. Sie fassten einander an den Händen und stürzten sich hinunter in die Lenne, deren Wogen gerade tosten.

Grausen erfasste die Ritter und lähmte einen Augenblick lang ihren Schritt. Aber als sie herbeieilten, um sie zu retten, da hatte das reißende Wasser die Schwestern schon fortgetrieben. Aus der Ferne jedoch klang es ihnen wie ein Richterspruch noch aus den Wogen zu: „Mörder, Mörder!" Entsetzt wagten die Ritter nicht, einander anzuschauen. Stumm und still standen sie eine Weile da.

Wie eine Zentnerlast fiel es auf ihre schwarzen Seelen. Aber das war noch nicht die Bürde ihres Schuldbewusstseins. Es war eine Art abergläubischen Grauens, es war eine dunkle Furcht vor einer wohlverdienten Blutrache, der sie nun verfallen waren. Darum riefen sie eilig all ihre Knappen herbei. Noch in derselben Nacht zogen sie, ohne Abschied zu nehmen, auf heimlichen Wegen ihrer fernen Heimat zu.

Am nächsten Tag fanden die Fischer die beiden eng verschlungenen Leichen im weißen Nonnengewand, die der Fluss ausgeworfen hatte, und sie trugen sie unter vielen Tränen hinauf in die väterliche Burg.

Seitdem aber, so erzählt die Sage, hört man oft in dunkler Nacht aus den Erlen Wehrufe erklingen, und mehr als einmal wollte einst der Fährmann an der Voerth seinen Nachen losbinden, so deutlich tönte es: „Hol über, hol über!“. Aber es waren nur die Seelen der beiden Schwestern, die wie bleiche Nebelstreifen am anderen Ufer umherirrten. Und noch heute erzählt man von den beiden weißen Jungfrauen in den Erlen, die bald dieser, bald jener gesehen oder gehört haben will.

Die alte Sage aber erzählt noch weiter: Es war ein Jahr nach jenem furchtbaren Ereignis, da pochte eines Tages ein Büßer im Pilgergewand ans Burgtor von Pungelscheid. Graf Erpo von Padberg war es, der wilde Ritter. Ihn hatte damals auf dem Heimweg Gottes Strafgericht getroffen. Als er in jener Nacht fortritt, da hatten seine Frevel einen Stachel in seine Seele gebohrt, den er nicht loswerden konnte. Seine Sünde stand riesengroß vor ihm wie ein Bild, das man mit Händen hätte greifen können. Und doch war es nicht so sehr Wut auf sich selbst, sondern ein Zorn auf Gott und wider Gott, der sein teuflisches Gemüt ergriff. Da erhob sich gegen Abend des Tages, als er mit den Übrigen auf der Heimfahrt begriffen war, ein heftiges Gewitter. Blitz auf Blitz zuckte hernieder, und so oft es leuchtete, war es dem Grafen, als sehe er vor sich die beiden Jungfrauen, wie sie hinabsprangen in die Flut. Derweil floss auch der Regen in Strömen, und unter einer breitästigen Linde suchte Graf Erpo Schutz, nicht weit davon seine Gefährten. Und als es nun wieder leuchtend herniederfuhr, da sah er vor sich im Blitzesschein ein Kreuz, das fromme Hände an dieser Stelle errichtet hatten. Und die Gestalt des Gekreuzigten schien ihn anzublicken, so vorwurfsvoll, so richtend, als wollte sie sagen: „Was hast du getan?“ Da zog Erpo sein Schwert und holte aus, um damit nach dem Gekreuzigten zu schlagen. Im selben Augenblick fuhr ein greller Blitz hernieder, ein furchtbarer Krach, und Graf Erpo lag betäubt, wie leblos, zu Füßen des Gekreuzigten.

Als das Gewitter sich verzogen hatte, nahmen seine Mannen den besinnungslosen Ritter und trugen ihn auf beschwerlichem Weg zu seiner Burg. Wochen und Monate lang rang Graf Erpo mit dem Tode. Endlich genas er wieder. Aber er stand als ein anderer Mann wieder auf. Und nun ließ es ihm keine Ruhe mehr. Als Büßer zog er gen Pungelscheid. – Und als er nun dort hinkam an jenem Tage und vor die Burgherrin geführt wurde, nach der er gefragt hatte, da sprach er: „Edle Frau, ein Unwürdiger steht vor Euch, fluchbeladen. Ich bin Graf Erpo, der Mörder Eurer Töchter, und ich bin gekommen, um zu sühnen, wenn es sein soll, mit meinem Blut.“ Aber als die Edelfrau die verfallene Gestalt des Manne sah, und die Tränen, die über seine Wangen liefen, und seine Geschichte hörte, wie Gott ihn gerichtet hatte, da vergab sie ihm.

Graf Erpo aber baute in Werdohl zur Sühne seines Frevels eine Kirche und stattete sie reichlich aus mit Landgütern und anderem Besitz, und das Holz zum Bau schenkte die Edelfrau von Pungelscheid aus ihrem Eichwald am Riesei.

Auch dort, wo der Blitzstrahl ihn getroffen hatte, zu Boke an der Lippe, wollte Graf Erpo zur Sühne ein Kloster gründen und von den Mönchen einen senden, dass er in Werdohl an der Stätte seiner Frevel für ihn beten und das Christentum verkünden sollte. Doch dieses Vorhaben zerschlug sich, und er traf stattdessen ein Abkommen mit dem Kloster Flechtorff in Waldeck. Das mussten ihm die Geistlichen hergeben für Werdohl, und es empfing dafür die Zehnten seiner Stiftung (Anno 1104). So erzählte die Sage noch im vorigen Jahrhundert.

Die Schatzgräber von Pungelscheid I.

Allgemein war der Glaube im Volk verbreitet, dass unermessliche Schätze an vielen, vielen Stellen vergraben seien. Namentlich wurden die Stätten, wo alte, berühmte Geschlechter Jahrhunderte lang gehaust hatten, einsame, verfallene Burgen, zusammengesunkene Stadtmauern, als Fundorte angesehen. Ja, bisweilen suchte man sie dort, wo niemand sie hätte vermuten sollen, in wilder, entlegener Einöde. Das waren dann die verzauberten Schätze, von Geistern dort geheimnisvoll bewacht. Die Gabe, solche Schatz-Orte aufzufinden, wurde zu einer förmlichen Wissenschaft fortgebildet. Wünschelrute und Wunschsamen, Zauberspiegel und ähnliche Dinge musste man zu gebrauchen verstehen. Man musste die Tage kennen, an denen die verborgenen Schätze der Erdoberfläche näher sind, als sonst. Weil sie nämlich einst persönliches Eigentum waren, suchen sie auch wieder einen persönlichen Besitzer. An diesen gewissen Tagen „sonnen“ sie sich oder „blühen“.

Der geheimen Zeichen, die ihr Dasein verrieten, musste man kundig sein. Geübte Schatzgräber wurden oft von weit hergeholt und gut bezahlt. Aber wenn man die Orte wusste, so war das Heben der Schätze noch immer eine Kunst. Es bedurfte eines besonderen Zaubers, um sie den Geistern, die sie bewachten, oder dem schwarzen Hund mit den feurigen Augen oder dem glutspeienden Drachen ohne Gefahr für Leib und Leben zu entreißen, oder den beinahe erworbenen Besitz nicht wieder zu verscherzen.

Solche Schatzgräberei nun ist auch in unseren Bergen geübt worden. Denn dort oben in dem zerfallenen Burggemäuer von Pungelscheid sollte, so ging die Sage, ein über die Maßen großer Schatz begraben liegen. Jeder wollte da blaue Flämmchen tanzen gesehen haben, besonders in der Johannisnacht. Dazu kam noch, dass ein Weißdorn, das sicherste Zeichen, dass darunter das Gold brenne und glühe, auf den Trümmern wuchs.

Und wie hätte es denn auch anders sein sollen! Seit Jahrhunderten hatte eine hochangesehene Familie die Burg bewohnt. Ihre ersten Gründer hatten, wie man sicher zu wissen vorgab, das Gewerbe der Raubritter getrieben und große Güter erbeutet. Auch war über zweihundert Jahre das Drostenamt, das seinen Träger mit dem Nimbus unnahbaren Glanzes umgab, in der Familie derer von Neuhof erblich gewesen. Und doch waren die Letzten des Stammes von der verbrannten Burg als Bettler fortgezogen. Das konnte nicht mit rechten Dingen zugehen! Da musste ein Geheimnis hinterstecken! Da mussten notwendig die alten Familienschätze, Kessel voller Dukaten und köstlichen Geschmeides, in schlimmen Zeiten von dem früheren Besitzer vergraben worden sein, der das Geheimnis mit ins Grab genommen hatte.

So dachten zu Anfang dieses Jahrhunderts auch zwei Sauerländer, die lieber mühelos als mühsam reich werden wollten. Nachdem sie sich vergewissert, dass um Johanni droben im Gemäuer wirklich die blauen Flämmchen noch umgingen, beschlossen sie insgeheim, in der nächsten Johannisnacht den Schatz zu heben.

Aber wie sollten sie es anfangen? Der eine besaß ein Büchlein, das trug die Aufschrift: *„† † † D. J. Fausti dreifacher † † † Höllenzwang und magische Geister Kommando nebst denen schwarzen Raben“*. Daraus wollte er beweisen, dass man erst Aziel, den Schatzgeist, beschwören müsse, dessen Erscheinung sei in wilder Ochsengestalt; oder den Jüngling Mephistopheles, *„der zu allen Künsten und Diensten willig ist, und bringt Schätze aus der Erden und dem Wasser sehr schnell“*. Der andere aber spottete über ihn, denn er hatte das *„Romanusbüchlein, gedruckt zu Venedig in diesem Jahr“*, welches noch viel älter und besser sein sollte. Und das verlangte, man müsse einen kohlschwarzen Bock nehmen, der an der Stirn ein weißes Mal habe. Wo dieser stehenbleibe in der Johannisnacht an jenem Ort, wo man einen Schatz vermutete, da solle man ihn festbinden und einen Schritt vor seinem rechten Vorderfuß in die Tiefe graben. Weil nun dieses Mittel gefahrloser war, als den wilden Aziel in Ochsengestalt zu beschwören, oder gar den leibhaftigen Satan, so einigten sich beide schließlich darauf, dass sie den ungefährlicheren Bock nehmen wollten. Dazu wurden sie auch bald darüber einig, dass man pünktlich um Mitternacht beginnen müsse im Namen der heiligen Dreifaltigkeit und dass man schweigsam sein müsse bei der ganzen Arbeit, sonst werde der Schatz wieder versinken.

Aber nun war guter Rat teuer, wo sie das schwarze Böcklein herbekommen sollten. Denn in damaliger Zeit gab es wohl Kühe, aber nur wenige Ziegen in unseren Bergen. Doch endlich, nach vielem Suchen, gelang es dem einen der beiden Schatzkünstler, in Neuenrade einen Bock aufzutreiben, das ganz nach Vorschrift war, und triumphierend brachte er ihn heim, obschon er ganze fünf Kronentaler dafür hatte zahlen müssen. Die Vorwürfe seiner Frau, was sie denn mit dem Böcklein tun solle, das man doch nicht melken könne, das selbst zum Schlachten nicht einmal tauge, wusste er mit geheimnisvollen Andeutungen zu beschwichtigen. Danach ließen sich beide daheim von ihren Frauen unter einem Vorwand je einen großen, neuen Sack nähen, und sie warteten sehnsüchtig auf die Johannisnacht.

Endlich kam der Johannistag. Heimlich stahlen sich beide um die elfte Stunde von zu Hause fort. Die Säcke trugen sie auf dem Rücken, und das Böcklein, das lustig sprang und kaum zu bändigen war, in ihrer Mitte. Pünktlich um Mitternacht kamen sie an Ort und Stelle. Zwar waren heute keine Flämmchen zu sehen, denn die Nacht war ungewöhnlich düster und schwül, und am fernen Horizont grollte ein Gewitter und warf seine fahlen Blitze hie und da über das zerklüftete Gemäuer. Indes, sie hatten sich die Stelle gut gemerkt, wo sie die Geisterflämmchen tanzen gesehen hatten. Auch zeigten ihnen die leuchtenden Blitze den Weg. Und siehe da, auch das Böcklein wurde ruhiger, ja, es stand nicht weit von dem bewussten Ort still und graste. Dort banden sie es denn fest und begannen unter Zittern und Zagen in genau bemessener Entfernung im Namen der heiligen Dreifaltigkeit zu graben.

Während sie nun schweigend arbeiteten, stieg das Gewitter höher und höher. Ein ansehnliches Loch hatten sie schon gemacht. Da stieß plötzlich die Schaufel des einen auf einen harten Gegenstand. Zugleich blitzte ein zuckender Strahl von oben und leuchtete, von der blanken Schaufel aufgefangen, aus der Tiefe wider. – Das war der Schatz! – Da konnte kein Zweifel sein! – Ihre Künste hatten sie nicht betrogen. Den eisernen Kessel hatten sie schon. Und wie das glühte und leuchtete! Wer hätte da schweigen können! Wenigstens der glückliche Finder konnte es nicht. Jubelnd rief er mit einer komischen Verbeugung seinem Gefährten zu: „Jetzt haben wir ihn gleich!“

Aber im selben Moment ertönte ein furchtbarer Krach. Ein Strahl glänzte aus der Tiefe herauf, und der Sprecher stürzte halb in, halb über die Grube, so dass die Erde prasselnd hineinrutschte. Und – verschwunden war der Schatz! Die Tiefe hatte ihn wieder verschlungen. Wo der glänzende Kessel geleuchtet hatte, da war jetzt nur noch Erde, und wo die Hoffnungen der beiden geblüht hatten, da hatten sie jetzt nur das kahle Nachsehen. Denn der Schatz, den man beim Heben beschreit, sinkt wieder in die Tiefe, bis über sieben Jahre. So sagte das *Romanusbüchlein*.

Die Schatzgräber von Pungelscheid II.

Wir haben soeben eine Geschichte von Schatzgräbern in Pungelscheid erzählt, so mag nun eine andere Schatzgrübersage folgen, die an derselben Stelle spielt, einen ähnlichen Verlauf nimmt, und die wohl unseren beiden historisch verbürgten Schatzgräbern Anlass gewesen sein mag, auch ihr Heil zu versuchen.

Am Eingang des großen Gartens, der ehemals vom heutigen Pungelscheid bis nahe an den *Hof in den Springen* sich erstreckte, lag und liegt, der Volksüberlieferung zufolge, wenn nicht ein Schatz von köstlichem Geschmeide und Tonnen Goldes, so doch wenigstens das gesamte Silbergeschirr des Hauses Pungelscheid. Ihn soll die „alte Drostinne", die letzte Trägerin des Namens derer von Neuhof, dort selbst in dunkler Nacht vergraben und einem bösen Geist, den sie kraft alter Zauberbücher beschworen und gebannt hatte, zur Bewachung übergeben haben.

Zu der Zeit, in der unsere Sage spielt, wollte man das aber ganz genau wissen, und bereits mehrfach hatte der letzte Kammerdiener der Baronin, der noch im einzigen übriggebliebenen Turm wohnte, Franz Bachtenkirch, in mondheller Nacht danach gegraben. Da es sich aber um einen Schatz handelte, den böse Geister bewachten, so war es begreiflich, dass ihm auf diesem gewöhnlichen Wege mit der „Wissenschaft des Spatens" nicht beizukommen war. Darum wandte sich Franz eines Tages an einen Mönch, der, wie es damals noch häufiger geschah, predigend durch Pungelscheid zog. Er klagte ihm sein Leid und bat ihn, ihm behilflich zu sein. Als Pater müsse er doch die Kunst verstehen, die bösen Geister zu bannen. Der aber erklärte ihm, dass er leider diese Wissenschaft noch nicht erlernt habe. Dazu sei er noch zu jung. Doch hinter Affeln wohne im Walde ein alter Einsiedler, der immer Rat wisse, und dessen Ruhm als Beschwörer von Hexen und bösen Geistern weit und breit erklinge. Vielleicht könne der ihm helfen.

Nach etlichen Tagen machte Franz sich auch wirklich auf, und er ging, wie der Mönch ihm gewiesen hatte, zu dem alten Einsiedler. „Herr Pater“, so hob er an, als er vor dem Eremiten stand, dessen ehrwürdige Erscheinung und langer, weißer Bart ihm mächtig imponierten, „Herr Pater, ich hätte einen Schatz zu heben, den die bösen Geister hüten, und bin nun gekommen, Euch um Eure Hilfe zu bitten. Ich bin zwar lutherisch, und der Schatz ist es auch, aber das wird doch kein Hindernis sein. Und so Ihr mir helfen wollt, so verspreche ich Euch die Hälfte des Schatzes, dass Ihr damit tun möget, wie Ihr wollt.“ „Mein Sohn“, antwortete der Eremit würdevoll, „die alten Juden haben einst, als sie auszogen aus Ägyptenland, die goldenen und silbernen Gefäße der Ägypter mitgehen geheißen, und wir lesen nicht, dass sie von diesen Schätzen Unsegen gehabt haben in Kanaan. Wohlan, so wird es der heiligen Kirche auch kein Ungemach verschaffen, wenn ich ihr den Schatz der Ketzer erwerbe. Halte dich heute in acht Tagen mit drei verschwiegenen, treuen Männern bereit, so werde ich zu euch kommen und, geliebt's Gott, euch helfen.“ Gerührt dankte Franz dem Pater, küsste ihm die Hand, machte sich eilends wieder auf den Weg und zog, als er heimkam, drei seiner treuesten Freunde ins Vertrauen. Diese erklärten sich auch gegen eine mäßige Provision bereit, beim Heben des Schatzes zu assistieren, und sie schwelgten im Voraus schon in hohen Zukunftsplänen, nachdem sie das Fell des Bären, der noch im Walde lief, bereits jetzt verteilt hatten.

Endlich waren die acht Tage um. Pünktlich stellte sich gegen Abend der Pater ein. Etwas später kamen auch die drei Freunde. Während nun der Pater, seiner Sache zweifellos gewiss, und allen Scherzes voll, ihnen Geschichten erzählte von den Geistern, die er schon beschworen hatte, so dass ihnen die Haare zu Berge standen, nahte allmählich die Mitternachtsstunde. Da gingen sie voll guter Zuversicht hinaus in den hellen Mondschein. Der Pater aber hatte zwei Haselruten in der Hand. Das waren die Schatz-Rütlein, die ihm den Ort weisen sollten, wo die Kostbarkeiten verborgen lagen. Und siehe, als sie in die Nähe der Stelle kamen, wo auch Franz Bachtenkirch schon vergeblich gegraben hatte, da neigten sich die Ruten zur Erde nieder und schlugen klatschend aneinander. – Da lag also der Schatz! Alsbald ging der Pater ans Werk, zog mit einem Stein einen weiten Kreis um die Stelle, hieß die vier Männer, mit ihm hineinzutreten und befahl ihnen, dass sie ja keinen Fuß über den Kreis hinaussetzten, denn sonst seien sie den bösen Geistern verfallen. Auch ordnete er an, zu schweigen, selbst wenn sie vielleicht allerlei wunderbare Dinge sehen sollten. Und als er nun noch geheimnisvolle Beschwörungsformeln gemurmelt hatte, gab er den vier Männern ein Zeichen, dass sie nun anfangen dürften, zu graben.

Als diese in tiefer Stille eine Weile emsig gearbeitet hatten, da sahen sie auf einmal vor sich, an einem Zwirnsfaden aus der Luft herabhängend, einen großen Mühlstein baumeln. Sie wunderten sich darüber, aber sie gruben schweigend weiter. Nach einer Weile rasselte es neben ihnen – und siehe! Da kam eine Gans übers Feld gelaufen, die zog an einer glühenden Kette einen großen glühenden Frachtwagen hinter sich. Fast hätten die Männer ihrer Verwunderung einen kräftigen Ausdruck gegeben. Aber der Pater winkte ihnen noch rechtzeitig zu, dass sie schweigen und weitergraben sollten. Alsbald stießen ihre Spaten auch schon auf einen großen, glühenden Kessel mit zwei Henkeln, durch welche sie gleich eine Stange schoben, um ihn heben zu können. Flugs fassten Franz Bachtenkirch und Tüns Pieper zu und versuchten, den Kessel zu bergen. Im selben Moment aber kam ein riesiger, glühendroter Hahn herbei. Er setzte sich vor die beiden auf die Erde, sah sie eine Weile durchbohrend an, hob seine Flügel, drehte sich um und ließ, wie der alte Chronist berichtet, ein Hahnen-Ei fahren, „das für gewöhnlich einem Hühnerei nicht ähnlich sieht." Das fuhr nun wie flüssiges Feuer dem Tüns Pieper an die Hand, so dass er schreckensbleich und wuterfüllt ausrief: „Du infamer Racker!" Kaum war das Wort seinen Lippen entflohen, da flog der Hahn auf den Kessel, und sofort wurde dieser so schwer, dass die Männer ihn fallen lassen mussten. Und unter großem Getöse sank er mit seinem ganzen Inhalt in die Tiefe nieder. Der Pater aber hatte die Gelegenheit wahrgenommen und mit raschem Griff dem Hahn eine große Feder aus dem Fittich gezogen. – Das war die ganze Ausbeute!

Den Männern jedoch gelüstete auch nicht nach mehr. Denn es war sie ein solches Zittern angekommen, dass sie hoch und heilig schworen, sie wollten nie wieder nach Schätzen graben. Auch als der Pater sich erbot, nach einiger Zeit noch einmal wiederzukommen, wollten sie nichts davon wissen. Und als er ihnen die Feder zeigte, die er erbeutet hatte, und ihnen sagte, dass sie reines Gold sei, da war es ihnen, als sähen sie den glühenden Hahn wieder vor sich und der Pater sei nichts anderes als ein Stück davon, oder zum wenigsten ein Verwandter des bösen Schatzgeistes. Sie fingen dermaßen an zu schelten, dass er es für geraten hielt, seine Schritte zu beflügeln und den unwirschen Schatzgräbern aus dem Weg zu gehen.

Das ist die Sage. Ihre Details kamen damals nicht an die Öffentlichkeit. Man hat sie erst später im Nachlass eines der vier Schatzgräber aufgezeichnet gefunden. Aber was darüber bekannt wurde, war geeignet, alle mit Grausen zu erfüllen. Und lange hat es gedauert, bis geldgierige

Schatzsucher an der verrufenen Stelle wieder einen Versuch zu machen wagten. Wie es ihnen ging, hat uns die vorige Geschichte erzählt. Seitdem aber haben diese verschiedenen bösen Erfahrungen, welche man bei dem verwunschenen Schatz gemacht hat, einen solch abschreckenden Einfluss ausgeübt, dass noch heute die silbernen Bestecke, die goldenen Spangen und die Beutel voll Dukaten in der Tiefe ruhen.

Der Freischütz von Pungelscheid

Am 23. September des Jahres 1669 war in der alten Feste Pungelscheid ein großes Rumoren. Denn am 25. September wollte der damalige Besitzer, der Droste Diedrich Stephan von Neuhof, seinen siebten Sohn taufen lassen, den ihm seine Gemahlin, Anna Elisabeth, geboren hatte. Viele Gäste wurden in der Burg erwartet. Überall waren deshalb flinke Mägde am Schrubben, Putzen und Scheuern. Der Anstreicher und Glaser, Abraham von Herschede, schlurfte geschäftig über den Parkettboden der Säle, oder er machte einen gewagten Sprung über die soeben gewienerten Gänge, um in den alten, halbgotischen Bleifenstern die zerbrochenen Gläser wieder einzusetzen oder beim Wiederaufhängen der sorgsam gereinigten Gobelins hilfreiche Hand zu leisten und bei seiner kunstreichen Unbeholfenheit den rotwangigen Mägden eine willkommene Zielscheibe für einen Scherz darzubieten.

An einer anderen Stelle war der ehrsame Hermann auf'm Hoff, Schreinermeister aus Werdohl, geschäftig, um Türen, Tische, Sessel und Truhen auszubessern, damit das oftmals bereits altersschwache Gerümpel wieder wie neu erglänzen konnte. Kurz, die 101 Säle und

Kammern der alten Burg – denn so viele soll sie nach zuverlässiger Überlieferung gehabt haben – waren voller Leben. Und wie oben, so war es auch unten.

In der Küche waren nämlich unter guter Aufsicht fleißige Hände damit beschäftigt, seltsam modellierte Statuetten aus Butter herzustellen für die Festtafel, oder Brot zu kneten und Kuchen anzurühren. Auf dem Hof beeilte sich die Köchin, das flüchtige Federvieh einzufangen und ebenso geschickt wie grausam die geschwätzigen Gurgeln zu durchschneiden. Auf den hohen Torbogen aber waren Männer, um die eisernen Ritterfiguren, welche in voller Rüstung mit gezückten Schwertern dort standen, neu aufzuputzen, damit die einziehenden Gäste ihre Freude hätten an diesen beweglichen Figuren, deren auf jedem Torbogen je zwei, durch künstliche Mechanik miteinander verbunden, sobald der Wind wehte, sich gegeneinander drehten, so dass ihre Schwerter klirrend zusammenschlugen, als gelte es, einen blutigen Kampf zu fechten.

Aber während nun alles Leben und Bewegung war, stand der Jäger des Drosten aus dem Jägerhaus im Düsternsiepen untätig an eine der hohen Säulen des Hauptportals gelehnt und sah mit verächtlich lächelnder Miene zu, wie die anderen sich abmühten. „Geht es Euch denn nichts an, Herr Faulenzer“, sagte die Köchin, als sie soeben wieder einem prächtigen Kapaun die Kehle durchgeschnitten hatte. „Ihr steht da und haltet Maulaffen feil, während wir uns schinden und plagen. Mich dünkt, Ihr solltet Euch jetzt mit der Koppel Schweißhunde auf dem Riesei oder im Küchenberg tummeln, damit die drei feisten Hirsche und die Rehe, die der Herr für die Tafel begehrt hat, zur rechten Zeit zur Stelle sind. Ich wette, Ihr verderbt uns das ganze Fest.“ „Schweig,

Dirne“, antwortete der Jäger, „Ihr sollt schon zur rechten Zeit die Hülle und die Fülle haben. Was verstehst du denn vom edlen Weidwerk und seinen Künsten? Mir läuft schneller das Wild im Wald zu als dir deine schnatternden Enten.“

Da schwieg die Köchin und blickte furchtsam hinüber zu dem Grünrock mit dem bärtigen Gesicht, vor dem alles Gesinde in der Burg einen geheimen Schauder hatte. Denn man erzählte sich Wunderdinge von dem fremden Gesellen, den der Droste eines Tages mitgebracht hatte, obwohl er ein fahrender Abenteurer und dazu noch im „großen“ Krieg ein wilder Landsknecht gewesen war. Wer lauschen wollte, konnte hören, wie man sich zuflüsterte, dass er das Wild bannen könne, so dass es sich mit tränenden Augen vor ihn hinstellte und geduldig wartete, bis er es gemächlich niederschoss, und dass er mit dem Schwarzen im Bunde stehe und böse Kunst treibe.

Die aber da drüben in Grimminghausen, deren Jagdgrenzen mit denen des Hauses Pungelscheid durcheinanderliefen, sagten offen, dass dem so sei. Hatten sie doch gesehen, wie das beste Wild aus ihren Forsten, sobald der Jäger an der Grenze entlangging, zu ihm hinüberwechselte und von seiner unfehlbaren Kugel erlegt wurde. Ja, als sie jüngst einen ihrer Jägerburschen, der vor einer Stunde noch frisch und fröhlich ausgezogen war, steif und tot im Wald fanden, ohne eine andere Verletzung als einen blauen Flecken in der Gegend des Herzens, da hatten sie den Jäger von Pungelscheid geheimnisvoll wie einen bösen Geist durch die Büsche davonschleichen gesehen. Und bald stand es für sie fest, dass er der Mörder des Burschen sei, der ihm vor wenigen Tagen einen Rehbock weggepirscht hatte, gerade in dem Moment, als er die Büchse an die Wange hob. Darum hatte er ihm, so sagten sie, ins Herz geschossen. Die Kugel aber war eine Freikugel gewesen, die zum Schützen wieder zurückkehrte. Deshalb hatte sich auch die Wunde wieder geschlossen, so dass man an dem Toten nichts weiter fand als den blauen Fleck am Herzen, wo die Patrone gesessen hatte.

An jenem Tag nun stand der unheimliche Jäger im großen Hauptportal des Schlosses und spielte, unbekümmert um das Gekeife der Köchin, nachlässig mit einem Jagdfalken, den er auf seiner Hand trug. Da öffnete sich über ihm ein Fenster, und „Hans“, so rief die Stimme des Drosten, „Hans, hast du das Wild gebracht, wie ich es dir aufgetragen habe?“ „Nein, gnädiger Herr“, antwortete der, „damit hat es ja noch Zeit. Ich will zuvor noch für das junge Fräulein diesen Falken zähmen.“ „Ach was“, rief der Herr, „Falke hin, Falke her! Morgen kommen schon die ersten Gäste, und unter ihnen sind Herren, die wissen, dass meine Wälder weit und breit das beste Wildbret beherbergen. Soll ich denen durch meines Jägers Schuld nur Hühner und Enten vorsetzen können, wie es jeder Bauer tut? Wenn du mir bis morgen früh nicht herangeschafft hast, was ich von dir forderte, so sind wir geschiedene Leute.“ „Herr“, sagte da der Jäger, „da Ihr so redet, muss ich schon gehen. So lasst denn anspannen und heißt den Tünnes, durch den Baumweg zu fahren nach dem Erbhof in den Springen, damit er auflade, was Ihr begehrt.“ „Wie?“, sagte der Droste, „nach dem Erbhof, in den Forst, wo beständig die Kinder spielen und seit Jahr und Tag kein Hase, geschweige denn ein Hirsch oder Reh mehr zu finden ist? Kerl, ich glaube, du redest irre.“ „Gnädiger Herr“, antwortete der Jäger, „so Ihr nicht befindet, wie ich es gesagt habe, so sollt Ihr mich im untersten Verlies bei Wasser und Brot an die Kette legen dürfen, so lange es Euch beliebt.“

Damit ging er. Kaum war er fort, da erhob sich ein Sturm, so dass die stärksten Eichen sich bogen. Und hier und da im Wald leuchtete es auf, als sprühten tausend Flammen aus der Erde, so dass die Vögel kreischend aufflatterten und das Wild ängstlich hin und her schnaubte. Aus dem Erbhof aber hörte man lauten Jagdruf und Büchsenknall. Als nun das Wetter bald wieder still wurde, sandte der Droste den Knecht mit dem Fuhrwerk hinüber. Und siehe, da war das Wild, das er begehrt hatte, schon fein säuberlich zur Strecke gebracht, und der Jäger und der Knecht luden drei starke Sechzehnender und sieben Rehböcke auf, so dass die Pferde genug zu ziehen hatten an ihrer Last.

Als das der Droste sah, merkte er bald, dass das nicht mit rechten Dingen zuging, und es wurde ihm unheimlich über die Gesellschaft eines solchen Dieners. Aber er wollte doch noch nichts sagen, sondern beschloss zu beobachten, ob sich noch andere Zeichen fänden.

Andern Tags kamen die ersten Gäste, und am 25. September füllte sich das Haus mit hoher Gesellschaft von nah und fern. Alle aber ergötzten sich an dem prächtigen Mahl und vermissten über ihren Braten, Frikassees und Pasteten keineswegs die niedliche Zukost von allerlei Gemüse und Kartoffelspeisen, die unser verwöhnter Gaumen heutzutage für unentbehrlich erachtet. Denn damals lag der Gartenbau bei uns noch im Argen, und die Kartoffel war in den Bergen rund um die Lenne noch nicht bekannt.

Wie es nun aber in damaliger Zeit zu geschehen pflegte, so hatten sich auch zum Tauffest in Pungelscheid allerlei Gaukler eingefunden, die, als die Gäste das Mahl beendet hatten, auf der Wiese an der Almecke ihre Künste trieben. Namentlich waren es Taschenspieler, die mit tausend neuen Kunststücken die glänzende Gesellschaft verlustierten. Des Drosten Jäger aber, dieser Mann, der, wie man sagt, mit allen Hunden gehetzt war und sich nicht bloß als Landsknecht versucht hatte, sondern sich auch oft genug, um sein Leben zu fristen, wandernden Gauklerbanden angeschlossen hatte, machte zum allgemeinen Ergötzen sämtliche Kunststücke nach, flinker und eleganter noch als die Künstler selbst. Ja, als zuletzt einer von diesen als Höhepunkt seiner Kunst von einem Genossen mit einer vor aller Augen geladenen, aber in Wirklichkeit doch nur mit tauben Patronen bestückten, Pistole auf sich schießen ließ und sich dann gebärdete, als habe er die Kugel aufgefangen, die er herumzeigte, deckte der Jäger den ziemlich plumpen Betrug auf und erbot sich, das Stück besser vorzuführen.

Er überreichte deshalb einem der Gäste die Pistole, bat ihn, er möge laden, auf die Kugel ein beliebiges Zeichen machen, und dann auf ihn schießen. Und siehe, als er das tat, reichte der unverwundet gebliebene Jäger ihm die Kugel mit seinem Zeichen zurück. Die Gäste staunten, aber sie vermeinten in ihrer Weinlaune, es sei nur ein neues Kunststück gewesen wie die anderen, die der Weidmann machte. Der Droste indes sah nur seinen Verdacht bestätigt und beschloss nunmehr, sobald er könne, sich des unheimlichen Jägers zu entledigen. Da er aber seines Amtes wegen in den nächsten Tagen seinen Aufenthalt in Altena nehmen musste, so blieb sein Vorhaben einstweilen noch unausgeführt.

Inzwischen hatten die Jäger von Grimminghausen, erbittert über den Tod ihres Genossen, den sie ihm zur Last legten, dem Jägersmann des Drosten Rache geschworen. Sie hatten sich ein jeder aus altem Erb-Silber eine Kugel gegossen, die, wie man sagte, auch Hexen und böse Geister töten könne und alle schwarze Kunst nutzlos mache. Als nun wieder der Jäger des Drosten in die Nähe der Grimminghauser Jagdgrenze kam, da knallte es hinter ihm, und durch den grünen Rock fuhr ihm die silberne Kugel und ritzte ihm fühlbar die Haut. Hätte dem Jäger, der da drüben in den Büschen sich verborgen hatte, nicht die Hand gezittert, als er losdrückte, dann wäre es um den Pungelscheider geschehen gewesen. So aber machte dieser Fehlschuss ihn nur darauf aufmerksam, dass man sein Geheimnis durchschaut und sich gegen ihn verbündet hatte. Da blieb ihm nichts anderes übrig, als einen Kampf auf Leben und Tod aufzunehmen und sich der Grimminghauser Jäger zu entledigen. Mit dem unglücklichen Schützen machte er den Anfang. Etliche Tage später beschlich er einen anderen und sandte ihm seine unfehlbare Kugel ins Herz.

Nun war nur einer noch in Grimminghausen übrig. Der aber war auf der Hut, und als er gesehen hatte, dass die anderen alle eine Kugel ins Herz bekommen hatten, verschaffte er sich ein festes Metall, vierfach mit dickem Leder überzogen, und trug es beständig als Panzer über seinem Herzen.

So stand er auch bald danach auf dem Anstand in der Nähe des Gutshauses. Der Pungelscheider aber, der ihn schon lange belauert hatte, schlich unhörbar näher, und als er den Grimminghauser schussgerecht hatte, drückte er los. Der aber fühlte nur an seinem Schild einen heftigen Stoß, griff alsbald zu und erwischte die Kugel, die im Leder steckengeblieben war. Flugs, ehe noch der andere da drüben zur Besinnung kam, lud er sie in sein Gewehr und schoss hinüber.

Als der Dampf sich verzog, siehe, da lag drüben der Jäger des Drosten, von seiner eigenen Freikugel getroffen, in seinem Blut. Er rief noch einmal: „Gott sei meiner armen Seele gnädig“, und – starb. Später ging der Grimminghauser nebst etlichen in der Eile zusammengerufenen Knechten dorthin. Da sah er mit Staunen, dass der andere die Kugel gleichfalls mitten im Herzen hatte. Aber dicht beim Herzen hing in einem ledernen Säckchen eine geweihte Hostie, die ihn hätte schützen sollen. Sie hatte sich aber durch einen Zufall verschoben.

Da haben sie den Mann liegengelassen und den Herrn von Grimminghausen, Johann Wilhelm von Mascherell, und am nächsten Tag auch den Drosten Diedrich Stephan von Neuhof herbeigerufen und dann mit beiderseitiger Einwilligung den Jäger wie einen Hund im Wald verscharrt. Der Droste aber ist seitdem in der Wahl seiner Jäger vorsichtiger gewesen. Doch heute noch, wenn da droben auf dem Berg hinterm warmen Ofen haarsträubende Jagdgeschichten erzählt werden, wird auch die vom Freischützen von Pungelscheid nicht vergessen.

Kleine Geschichten und Sagen aus den letzten Zeiten der Burg Pungelscheid, wie sie das Volk erzählt

Der Droste Diedrich Stephan von Neuhoff, ein gelehrter und leutseliger Herr, hatte mit seiner Gemahlin Anna Elisabeth zehn Kinder. Einer seiner Söhne, Anton, verließ, als er herangewachsen war, die väterliche Burg und schlug eine militärische Laufbahn ein. Er trat, nachdem er katholisch geworden war, in die Dienste des kriegerischen Bischofs von Münster, Christoph Bernhard von Galen, und wurde später der Vater des berühmten „Sommerkönigs von Korsika“, Theodor von Neuhof.

Ein anderer, Franz Bernhard, geboren 1664, wurde der Nachfolger seines Vaters in Amt und Besitz. Ihm wird von den Alteingesessenen und Nachbarn nicht viel Gutes nachgesagt. Er gehörte noch zu jener, glücklicherweise bis auf wenige Exemplare ausgestorbenen, Spezies von Junkern, die den Besitz des blauen Blutes als Ersatz für jede andere geistige und sittliche Tüchtigkeit und als ein Privileg ansehen, jedem Bürgerlichen seine geistige und sittliche Mangelhaftigkeit vorzuhalten. Er ritt und fuhr zur Ergötzung seiner hochadligen Person mit Vorliebe den Bauern durchs Korn und durch die Gärten und begrüßte sie mit einem Peitschenhieb. Infolgedessen beschwerten sich endlich die lange geduldigen Bauern bei dem König Friedrich Wilhelm I., der denn auch dem stolzen Drosten, der Volksüberlieferung zufolge, die durch lakonische Kürze sich auszeichnende Warnung zukommen ließ: „Drösteken, Drösteken, hüte Dich. Friedrich Wilhelm rex“.

Später mag sich der Mann gebessert haben. Wenigstens ist ihm bei seiner Beerdigung am 7. Oktober 1747 die Grabrede über den Text Offenbarung 2,10: *„Sei getreu bis in den Tod, so will ich Dir die Krone des Lebens geben“* gehalten und ausdrücklich hervorgehoben worden, dass der ehrwürdige Greis sich freue, sein Freiherrenkrönlein gegen die ewige Krone vertauschen zu können.

Mehr aber noch als er lebt seine zweite Gattin, Amalie, geborene von der Mark aus dem Hause Villigst bei Schwerte, in der Erinnerung des Volkes fort. Mit ihr hatte er sich am 30. Mai 1723 verheiratetet. Diese hat bis ins hohe Alter auf Pungelscheid gelebt, und sie war die

Letzte, die dort den Namen von Neuhof führte. Denn die männliche Linie derer von Neuhof war erloschen, und als sie starb, ging der Besitz in die Hände der Familie von Khaynach über.

Es ist aber, gerade wie bei ihrem Gatten, nichts Gutes, was der Volksmund der „alten Drostinne", wie man sie allgemein nannte, nacherzählt. – Hat sie doch allen drei christlichen Konfessionen nacheinander angehört. Als sie heiratete, gehörte sie mit ihrem Ehemann zur reformierten Kirche. Nach seinem Tode wurde sie lutherisch. Auch hatte sie ihren reformiert getauften und erzogenen Sohn, Friedrich Wilhelm Heinrich Franz (geb. am 1. Juli 1735), überredet, bei seiner Verheiratung mit dem Freifräulein Dorothea Albertine Maria Auguste Sophie von Schnellenberg am 10. Januar 1758 sich von dem lutherischen Pastor in Werdohl trauen zu lassen. Später soll sie zur Römischen Kirche übergetreten und katholisch gestorben sein.

Kein Wunder, dass das Volk, welches solche mehrfachen Konfessionswechsel mit misstrauischen Blicken ansah und ihn insbesondere bei einer Frau gar nicht versteht, schon deshalb der „alten Drostinne" nicht grün war und sie zu jeder Gottlosigkeit geneigt glaubte. Trotzdem werden hin und wieder Details aus ihrem Leben erzählt. Sie können zum Zeugnis dafür dienen, dass sie nicht zur großen Zahl derer gehört haben müsse, die, weil sie hienieden um ihres Namens und ihres Geldes willen zu den Honoratioren zählen, für gewiss halten, dass man sie auch da drüben mit höflicher Verbeugung ins Honoratioren-Stüblein des Himmels führen werde. Häufig wird noch immer mit Vorliebe ein Spruch aus ihrem Mund zitiert:

Als nämlich ihr jüngster Sohn Ernst Ehrenreich, geboren am 15. Januar 1739, etwa um das Jahr 1757 Kriegsdienste nehmen wollte, um, ehrgeizig und strebsam wie er war, aufzusteigen und Ansehen zu gewinnen, da soll er beim Abschied von der Mutter gesagt haben: „Wenn ich wiederkomme, dann will ich das alte Pungelscheid umbauen, dass es viel herrlicher glänzt, als es je gewesen ist." Die Mutter aber soll ihm darauf nachgerufen haben: „Mein Sohn, des Menschen Herz schlägt seinen Weg ein, aber Gott allein gibt, dass er fortgehe. Trachte am ersten nach dem Reiche Gottes und nach seiner Gerechtigkeit, so wird dir das neue Pungelscheid von selber zufallen."

Dessen ungeachtet sagt das Volk ihr einstimmig nach, dass sie die Schwarze Kunst getrieben, den Bösen Blick gehabt und Menschen und Vieh behext habe. Und wenn eine ihrer Mägde sich ihren wunderlichen Launen nicht habe fügen wollen, dann sei sie bald danach auf irgendeine rätselhafte Art zu Schaden gekommen, habe von unsichtbarer Hand eine Tracht Prügel empfangen, oder habe gar ihre Unbotmäßigkeit mit dem Leben büßen müssen. – Eine Sage, die allem Anschein nach darauf zurückzuführen sein wird, dass gerade zu ihrer Zeit zweimal kurz nacheinander, das eine Mal die Viehmagd, das andere Mal die Küchenmagd in Pungelscheid, vom „Gebälk" zu Tode stürzte.

Auch soll die „alte Drostinne" ihre Zaubermacht auf Tiere ausgedehnt haben und nicht bloß imstande gewesen sein, diese in unglaublich kurzer Zeit zu zähmen, sondern auch so abzurichten und zu erziehen, dass sie mit ihnen wie mit Menschen sich unterhalten und wie Menschen sie zu allerlei Diensten gebrauchen konnte.

Überhaupt muss die Drostenfamilie zu Pungelscheid zu allen Zeiten eine besondere Gabe zur Zähmung wilder Tiere besessen haben. So erzählt man, dass einst einer der Drosten einen zahmen Hirsch hatte, welcher ihm überall hin folgte, und der auch mit ihm zur Kirche ging. Während der Predigt legte sich dann das Tier auf den Teppich vor dem Altar und wurde deshalb der Gemeinde von dem Prediger als lebendiger Beweis für das Seufzen der Kreatur nach der herrlichen Freiheit der Kinder Gottes vorgestellt.

Die „alte Drostinne“ nun besaß unter anderem einen Raben, welcher nicht bloß alles nachsprechen, sondern auch verstehen, und nicht allein verstehen, sondern auch selbständig, was er gehört hatte, nacherzählen, ja, sogar Anweisungen geben konnte. Dieser berichtete ihr auch stets, wenn die Dienerschaft während ihrer Abwesenheit nach dem Sprichwort gehandelt hatte: „Wenn die Katze aus dem Haus ist, tanzen die Mäuse auf dem Tisch“. Darum war der Rabe den Knechten und Mägden ein Dorn im Auge, und sie hätten ihn gerne aus dem Weg geräumt. Aber teils fürchteten sie sich zu sehr vor dem Zorn der Baronin, die durch ihre Zauberkünste den Täter sicher entdeckt haben würde, teils auch war der Rabe schlau genug, seinen Widersachern überall aus dem Weg zu gehen. Hatten sie ihm aber einmal doch eins ausgewischt, so konnten sie sich sicher darauf verlassen, dass er es der „Drostinne“ wiedererzählte und dass die Strafe dann nicht ausblieb. Endlich verfiel eine der jungen Dirnen, welcher der Rabe schon manchen bösen Streich gespielt hatte, auf ein ebenso schändliches wie unfehlbares Mittel, sich des geschwätzigen Angebers zu entledigen. Sie braute nämlich aus siebenerlei Kräutern einen wundersamen Trank, durch welchen dem, der davon genoss, kein anderes Übel widerfuhr, als dass seine Zunge stumm wurde. „Bedauerlicherweise“, so fügt der Chronist hinzu, der die Erzählung berichtet, „ist das Rezept verlorengegangen. Sonst hätte man damit manches Schandmaul stopfen können. Was in diesen geschwätzigen Zeiten hoch vonnöten wäre“. Mit dem Mittel mengte die Dirne insgeheim die Lieblingsspeise des Raben, der auch gierig davon fraß. Und eines Tages, als die „alte Drostinne“ von einer Ausfahrt wieder heimkehrte, siehe, da war ihr Liebling stumm! Wohl sperrte er den großen Schnabel weit auf, aber er brachte keinen Ton mehr heraus. Da ließ sie alsbald den Chirurg von Altena holen. Aber der konnte dem Raben mit Säftchen und Tinkturen ebensowenig wie mit Messer und Pinzette beikommen. Er erklärte deshalb, dass der „Herr“ Rabe wohl eine sehr starke Erkältung sich zugezogen haben werde, klassifizierte auch den Fall mit vielen schwierigen lateinischen und griechischen Vokabeln, empfahl schließlich Dampfbäder mit Kamillentee und entfernte sich mit einer respektvollen Verbeugung. Indes, der Rabe war stumm und blieb stumm, und er nahm sich den Verlust der Gabe zu sprechen, die ihn mit der Baronin auf Du und Du gestellt hatte, so sehr zu Herzen, dass er von Stund an kränkelte und nach Verlauf von etlichen Wochen vor Gram starb. Die schlaue Dirne aber war nicht klug genug, ihrem Mitgesinde zu verschweigen, wem sie die Entfernung des lästigen Aufpassers zu verdanken hätten. So erfuhr es auch die Baronin, und die Magd musste bald danach mit Schimpf und Schande die Burg verlassen.

Noch andere wunderbare Fähigkeiten besaß die „alte Drostinne“. Sie konnte auch, so wird erzählt, an zwei Orten zugleich sein. So war sie eines Sonntagsmorgens zur Kirche nach Werdohl gefahren. Als aber die Magd kam, um ihr Zimmer aufzuräumen, saß die Gnädige an ihrem Schreibtisch, eifrig mit einem Brief beschäftigt.

Zitternd vor Furcht eilte die Magd hinweg und erzählte es den anderen. Aber keine wagte sich ins Zimmer. Als nun die Drostin hernach wieder heimkam und hörte, was passiert war, tat sie gar nicht verwundert, sondern ging hin, besah sich den frisch geschriebenen Brief und sagte: „Just so, wie ich gewollt und gedacht habe."

Zur Erklärung dieses wunderbaren Vorkommnisses fügt dann der alte Chronist hinzu: „Weil die gnädige Frau Baronin stets einen gesunden Kirchenschlaf gehabt hat, ist derweil ihre Seele aus ihrem Mund geschlüpft, hat sich daheim in die Gewänder der Gnädigen gehüllt und geschrieben, wovon sie gerade träumte, dass sie es schreiben müsse. Ist alsdann wieder in ihre Behausung zurückgekehrt, dergestalt, dass sie rechtzeitig wieder eintraf, als der Prediger ‚Amen' sagte und die Gemeinde den Schlussvers sang. Es ist auch solches eine große Freude für die Bewohner Pungelscheids gewesen, da sie nunmehr sicher waren, dass die gnädige Frau, die sie bei Lebzeiten genugsam gequält hatte, dieweil sie lebend schon als Geist umgegangen war, nun nach ihrem Tode sie nicht mehr als Gespenst werde quälen dürfen."

Noch zu Lebzeiten der „alten Drostinne" ist aber das reiche Besitztum verkommen, und das große Vermögen verschwunden. Jener Sohn, Ernst Ehrenreich, der Liebling der Alten, der mit so großen Plänen hinwegritt, soll am meisten dazu beigetragen haben. Denn kurze Zeit nach seinem Weggang ist er in Düsseldorf in ein Duell verwickelt worden und hat seinen Gegner, einen Edelmann, erstochen. Dessen Familie aber soll für ihr Stillschweigen so gewaltige Summen gefordert haben, dass zu ihrer Bezahlung mehr als einmal ein mit Gold beladener Esel von Pungelscheid nach Düsseldorf geschickt werden musste.

So ist denn das große Vermögen derer von Neuhof wie Schnee dahingeschmolzen. Der „alten Drostinne" soll außer der stark verschuldeten Besitzung nur gerade soviel noch übriggeblieben sein, dass sie imstande war, ihre drei Töchter in ein adliges Damenstift einzukaufen. Das soll sie denn auch ohne deren Wissen und Willen getan haben. Als aber der Tag kam, so wird erzählt, an dem die Töchter in das Stift eintreten sollten, und die Mutter ihnen notgedrungen erzählen musste, was sie getan hatte, da gab es eine gewaltige Szene in der Burg. Zwar fügten sich die beiden älteren Schwestern endlich, aber die jüngste, die ihr Herz bereits insgeheim an einen jungen Kavalier verloren hatte, konnte sich nicht in dieses harte Los fügen. Darum ist sie auch eines Nachts aus der Burg entflohen, im bloßen Hemd hinübergeflüchtet zu dem alten „Adolffen auf der Repeke" und hat sich dort einige Zeit verborgen gehalten. Später hat sie ihren Kavalier, den Herrn Franz Adolph von Khaynach, geheiratet und ist mit ihm nach Haus Delwig bei Lünen gezogen.

Das Schloss Pungelscheid aber ist immer weiter zerfallen, und im Jahre 1799 hat ein Feuer die stark verblichenen Trümmer der alten Herrlichkeit in Asche gelegt. Nur ein halbzerfallener Turm blieb stehen. Dort wohnte noch eine zeitlang ein ehemaliger Kammerdiener der „alten Drostinne". Später haben die Frauen der Nachbarschaft in dem hohen Turmgemach ihre Wäsche getrocknet, bis ihnen eines Tages, als sie eben die Treppe hinuntergingen, von unsichtbarer Hand ein Sieb hinterhergeworfen wurde. Seitdem wurde der unheimliche Turm ängstlich gemieden. Einige Zeit danach fiel er zusammen, und die Käufer des Gutes haben seine Steine anderweitig verwendet.

Heute existieren nur noch wenige armselige Trümmerreste, welche die Stelle markieren, an welcher der stolze Bau den Jahrhunderten getrotzt hatte, und selbst die alten Mären von der ehemaligen Herrlichkeit sind am Verschwinden. – Sic transit gloria mundi!

Der Ritter Diethelm vom Junkerenberg, oder wie Elverlingsen entstanden ist

Um das Jahr 1300 war in unseren Bergen des Streites gar viel. Denn auf dem Schloss zu Altena saß der Graf Eberhard II., Graf von Altena und von der Mark. Das war ein tapferer und kriegerischer Held, dessen Hand gegen jedermann gerichtet war und jedermanns Hand gegen ihn. Seine Zeitgenossen fürchteten ihn sehr, die einen wegen seiner gewandten Rede, die anderen wegen seines grausamen Schwertes. Dabei war er hochgeachtet am kaiserlichen Hofe. Bei Rudolf von Habsburg, Adolf von Nassau und Albrecht von Österreich war er stets ein gerngesehener Gast gewesen. Alle drei hatten ihm ihre besondere Gunst zugewandt, und Albrecht von Österreich hatte ihm die Reichshöfe Dortmund, Westhoven, Elmenhorst und Brakel als Anerkennung für treu geleistete Dienste geschenkt. Auch auf dem schlüpfrigen Boden des Hoflebens hatte er es verstanden, zu Ehren zu kommen, und *„der kaiser enkunde nît truric gesîn, derwîle der grave bî ieme was"*, sagt ein damaliger Chronist. Nun aber saß er im eigenen Land, und während sein Droste, der treue Ritter Rutger von Altena, des Rechtes im Lande waltete, hatte er genug damit zu tun, den vielen Fehden zu obliegen, in denen damals in den Zeiten des Faustrechtes große und kleine Herren ihre Zwistigkeiten austrugen.

Zu jener Zeit nun hatte der Graf auf der Spitze des Berges zwischen Husberg und Elverlingsen, der noch heute der *„Junkerenberg"* heißt, ein kleines, befestigtes Schlösschen, wo er sich gerne aufhielt. Das geschah nicht bloß, weil er dort einen weiten Ausblick hatte über sein Land, sondern auch, weil sich in der nächsten Umgegend jagdbares Wild, viele feiste Hirsche und flüchtige Rehe fanden. Namentlich aber waren die Junker, des Grafen Söhne, so lange sie noch nicht wehrhaft gemacht waren, dort häufige Gäste. Unter der Leitung des wackeren Ritters Diethelm, der des Grafen Schloss- und Forstverwalter war, frönten sie gemeinsam mit seinen beiden, nur wenig älteren Söhnen, dem Weidwerk und anderen ritterlichen Übungen. Der Ritter war ein tapferer Mann, des Grafen Freund und sein treuer Waffengefährte bei mancher gefährlichen Kriegsfahrt gewesen. Auch jetzt, als sein Haupt schon weiß geworden war, behagte die friedliche Beschäftigung ihm nicht sehr. Sein Sinn stand noch immer nach fröhlichem Lanzenbrechen und kriegerischem Schwertergeklirr.

Darum hatte er auch keine Gelegenheit versäumt, um mit seinen wenigen Burgmannen gegen die Raubritter auf den Werdohler Bergen zu kämpfen und sie seinem Herren, dem Grafen, zu unterwerfen. Kein Wunder, dass sie ihm gram waren und ihn gerne mit aus dem Schlösschen gejagt hätten, wenn sie sich nicht gefürchtet hätten vor seinem Schwert und vor dem besonderen Schutz des Grafen, den er genoss.

Da traf es sich nun in der Zeit, dass der Graf von Altena in Fehde lag mit den Herren von Volmarstein und hart von ihnen bedrängt wurde. Seine beiden Söhne aber waren derweil auf dem Junkerenberg bei dem Ritter Diethelm. Das hatten die argen Ritter von Werdohl kaum ausgekundschaftet, da vergaßen sie ihrer eigenen Fehde und beschlossen, gemeinsam das Schlösschen anzugreifen und zu erstürmen. Ein doppeltes Ziel hatten sie dabei im Auge: Einmal gedachten sie, sich rächen zu können an Diethelm, der ihnen oft so übel mitgespielt und manche Beute abgejagt hatte. Zum anderen hofften sie, die beiden jungen Herren, des Grafen Söhne, in ihre Gewalt zu bekommen. Die wollten sie dann dem bedrängten Vaterherzen nur unter der Bedingung zurückgeben, dass der Graf ihnen eidlich verspreche, er wolle sie auf ewige Zeiten freie Ritter sein lassen.

Als sie nun heranzogen und der Wächter im Turm die wehenden Fähnlein und die glänzenden Rüstungen sah, gab es großen Schrecken in dem kleinen Felsennest. Doch Ritter Diethelm fürchtete sich nicht, denn er war ein alter Mann und gerne bereit, in Verteidigung des Eigentums seines Grafen sein Leben zu lassen. Aber er war besorgt, weil des Grafen Söhne, auf denen die Hoffnung des Landes ruhte, bei ihm waren. Und obendrein war der älteste Junker gerade mit nur einem Knecht im Wald, um einen Hirsch zu jagen, den sie aufgespürt hatten. Wie leicht konnte er den feindlichen Rittern in die Hände fallen! Darum hieß Diethelm alsbald einen seiner Söhne, aus der Burg zu gehen, damit er den jungen Grafen aufsuche und auf heimlichen Wegen gen Altena geleite. Er schärfte ihm auch ein, dass er mit seinem Leben bürgen müsse für das des Grafen: „Lieber zehnmal sterben, als seinen Herren im Stich zu lassen." – Den jüngeren Junker wagte Diethelm nicht mitzuschicken, denn es war zu gefährlich, und die Ritter waren schon nahe. – Der Sohn Diethelms befahl auch alsbald seine Seele Gott und stürmte in den Wald, wo er gerade zur rechten Zeit kam, um den jungen Grafen freizukämpfen, den ein Fähnlein der feindlichen Knechte aufgespürt hatte, das an der anderen Seite des Berges emporgstiegen war. Es war ein heftiges Gefecht. Aber endlich gelang es den dreien loszukommen und im dichten Wald heimliche Wege zu erreichen, auf denen sie nach Altena kamen.

Inzwischen waren die Ritter auf der Höhe vor der Burg angekommen, und sie fanden zu ihrem großen Ärger die Tore schon wohlverwahrt. Darum ließen sie den Herold blasen und forderten den Ritter Diethelm auf, sich zu ergeben, da er gegen ihre Übermacht doch nicht obsiegen könne. Der aber antwortete: „Holt mich, wenn ihr könnt. Aber vergesst nicht, dass unsere Mauern fest und unsere Schwerter scharf sind.“ Und bald danach flogen scharfe Pfeile und manch ein starker Speer herüber und hinüber. Viele da draußen mussten den grünen Rasen mit ihrem Blut färben, und auch drinnen in der Burg gab es viel Wehklagen. Denn auch die Belagerer hatten ihre Armbrust zu handhaben gelernt. Aber ihre Anstrengungen waren vergeblich. Die Mauern waren fest, und die Männer darin mutig.

Als nun die Ritter sahen, dass sie den tapferen Diethelm nicht wie ein Wild mit leichtem Jagdruf verscheuchen konnten, verlegten sie sich aufs Warten. Sie stellten ihre Wachen auf und schlossen den eisernen Ring um die Burg, wohlwissend, dass da drinnen nicht allzu viele Vorräte sein könnten. Und Hunger und Durst können auch den tapfersten Streiter mürbe machen. – Darin hatten sie auch richtig geraten! Vor allem war nur wenig Wasser in der Burg. Denn die Quelle, die zu Regenzeiten lustig darinnen sprudelte, war in der Dürre versiegt, und lange schon hatten die Burgleute mühsam das Wasser aus dem Fluss heraufholen müssen.

So lagen sie denn vier ganze Tage vor der Burg, und die Belagerten litten Qualen vor Durst. Auch das wenige an Wein, was sie besaßen, war am Abend des zweiten Tages schon verzehrt. Tiefe Hoffnungslosigkeit bemächtigte sich der Knechte auf den Mauern. Aber auch den Belagerern wurde die Zeit über dem Warten lang; sie fürchteten überdies, wenn sie nicht bald eilten, würde der Graf zurückkommen und ihnen die Tat übel vergelten. Darum wurden sie Rates einig, und schossen in der vierten Nacht brennende Pfeile in die Burg, die rasch zündeten. Da mussten wohl oder übel die Ritter und Knechte die Burg verlassen, wenn sie nicht verbrennen wollten. Das beschlossen sie auch. Aber Diethelm wollte den jungen Grafen um jeden Preis retten. Darum ließ er an dem vorderen Tor großes Getöse machen, als wollte er ausbrechen. Als die Belagerer sich dort sammelten, befahl er seinen Knechten herausbrechen, damit sie versuchen sollten, ob sie sich durchschlagen könnten. Er selbst aber eilte schnell mit seinem anderen Sohn und dem Junker aus dem hinteren Tor und versuchte, den dunklen Wald zu erreichen.

Doch kaum hatten sie etliche Schritte getan, da fiel der Ritter von der Borghelle, der die Kriegslist durchschaut hatte, über sie her. Das gab ein Schwerterklingen und Funkensprühen! Aber die drei wehrten sich tapfer, und der greise Diethelm streckte mit geschwindem Schlag manchen Knappen ins Gras. Aber seine Kräfte begannen zu schwinden. Schon rann ihm das Blut durch die Helmspangen und die Panzerringe. Da raffte er sich noch einmal auf und rief den beiden zu: „In den Wald, und seht Euch nicht um!“, und stürzte wie ein Löwe auf den Ritter, der nur noch zwei Knechte zur Seite hatte. Einer der Knappen fiel von Diethelms Hand, der andere aber hieb gemeinsam mit dem Ritter den wackeren Alten nieder, so dass sein Haupt klaffte und er tot zu Boden sank. Inzwischen aber hatten die beiden Flüchtlinge den Wald erreicht, und vergebens suchten Ritter und Knechte hinter ihnen her. Die Nacht nahm sie in Schutz. Sie waren gerettet – aber um einen hohen Preis!

Am folgenden Tag kam Graf Eberhard zurück von seiner Fehde mit den Volmarsteinern, wo er manchen tapferen Degen hatte zurücklassen müssen, und er vernahm unter Tränen, bald der Freude, bald des Schmerzes, den Bericht seiner Söhne und der beiden Stammhalter Diethelms. Sofort raffte er in grimmigem Zorn seine Krieger wieder zusammen. Er erstürmte die Burgen der heimtückischen Ritter, die noch keine Vorsichtsmaßnahmen getroffen hatten, brannte sie aus, und befahl seinen Knechten, sie zu schleifen, so dass sie dem Erdboden gleich würden. Als er aber wieder heimkam, ließ er in feierlichem Prunk die Leiche des treuen Diethelm dicht an der Kirche in Altena beisetzen und ließ ihm einen Stein aufs Grab legen, auf dem der Ritter in voller Rüstung dargestellt war. Und darauf sollte geschrieben werden: *„Dem getreuen Ritter Diethelm, der dankbare Graf Eberhard“*. Lange soll der Stein noch zu sehen gewesen sein, bis ihn Sturm und Regen zerfressen hatten.

Den beiden Söhnen Diethelms aber gab der Graf eine große Urkunde mit dem gräflichen Siegel. Darin stand geschrieben, dass er für sich und alle seine Erben auf ewige Zeiten ihnen und ihren Nachkommen zum Andenken an ihren treuen Vater den Junkerenberg und was dazu gehöre, nebst all dem Land unten im Tal, das die Lenne von Berg zu Berg umschließt, als *„edelvry lehn“* übergebe. Dankbar nahmen die beiden Söhne Diethelms das Dokument aus des Grafen Hand entgegen und zogen in ihre alte, aber nun neue, eigene Heimat. Dort begannen sie friedliche Tätigkeiten. Sie rodeten den Wald, pflügten den Acker und bauten sich zwei steinerne Häuser unten im Tal auf ihrem *edelvry lehn.* Im Volksmund aber, der sich gerne die verwickelten Worte mundgerecht macht, hieß bald danach die Besitzung Elverlingsen, das bedeutet *„edelvry lehn hausen"*. Und noch heute wissen alte Leute zu erzählen von den zwei stattlichen Bauernhäusern, die ehemals auf Elverlingser Hovesaat standen. Die Nachkommen des Grafen Eberhard aber haben seine Schenkung allzeit respektiert, und während sie rings umher ihre Domänenhöfe hatten, während Dresel, Husberg und Stortel, Eigentum der Grafen, auf allen Seiten die Besitzung einschlossen, ist Elverlingsen ein *edelvry lehn* geblieben bis in die neue Zeit.

Von der alten Burg auf dem Junkerenberg ist aber keine Spur mehr zu finden. Und wenn vielleicht da und dort auch noch ein alter Mauerstein liegen mag, so haben die Jahrhunderte mit Sturm und Wetter, mit Moos und Rasen ihn doch so zugerichtet, dass man ihm nicht mehr ansieht, was er ehemals war. Das einzige, was heute noch an die Feste erinnert, ist der dunkle Fels, der sich selber steil wie eine Burgwand vom Berg abhebt, und auf dem einst die Fundamente der Burg geruht haben sollen.

Nebelgestalten, oder die weißen Jungfrauen und der Mann ohne Kopf in der Twistelen-Wiese

Morgens und abends hält ein böser Gast gerade in den Jahres- und Tageszeiten, in denen man sich in der Ebene am wolkenlosen Himmelsblau am meisten erfreut, zwischen unseren Bergen rings um die Lenne seinen Einzug: der Nebel. Mal dicht und dick wie der Dampf, der unsere Tunnel füllt, wenn ein Zug hindurchgefahren ist, mal dünn und zart wie Spinnenweben. Immer aber ist er kühlend und nässend, und er trägt für den Fremdling, der sich nicht in landesüblicher Weise gegen ihn vorsieht, tausend Rheumatismen in seinem Schoß. Und doch hat dieser Nebel morgens bei Sonnenaufgang und ganz besonders am Abend, wenn das Mondlicht darüber glänzt, etwas ungemein Poetisches. Da ragen die Berge wie riesige Klippen aus dem weißen, wogenden Meer einen überaus reizenden Anblick gewährt, wenn der Abendwind mit ihm spielt und seine Wogen leicht kräuselt oder sie sich phantastisch aufbäumen lässt am dunklen Wald. An der Nebelgrenze gibt es dann oft seltsame Erscheinungen. Da sondern sich, besonders in den engen Bergschluchten und auf den Wiesenhängen, Gestalten aus dem Dunst ab, und sie drehen sich und schweben, wie Geister, die ihren Reigen führen. Und wenn nun gar, wie es nicht selten geschieht, eine Art Wirbelwind dazwischenfährt, dann ist dieser Eindruck vollkommen.

So ist es erklärlich, dass der Volksglaube, der Berg und Tal, Baum und Strauch, Feld und Wiese, Bach und Strom mit Elementargeistern bevölkert, zu allen Zeiten auch diese Nebelgestalten beschrieben hat. In ihnen sah sie meist tanzende Jungfrauen, deren weiße Gewänder, deren wallende Haare im Winde flattern.

Man betrachtete diese Erscheinungen als Beweise dafür an, dass Elben oder Elfen der germanischen Mythologie, diese Verkörperungen der in Feld und Wald geheimnisvoll segnend oder verderbend wirkenden Naturkräfte, wirklich existierten. Später, als die altheidnischen Vorstellungen im Christentum mehr und mehr zu schwinden begannen, legte man ihnen andere Deutungen unter. Auch war der Zauber, mit dem die alte Tradition sie umgeben hatte, zu groß, als dass man ihn ohne weiteres hätte bannen können. So kam es, dass man sie in Beziehung brachte zu christlichen Vorstellungen, dass man Geschichten und Sagen daran knüpfte, die dem christlichen Umfeld entnommen waren.

Dennoch blieb vereinzelt ein schwacher Überrest des Bewusstseins, dass man es hier mit Gestalten der heidnischen Vorfahren zu tun hatte. So finden wir häufig zwischen unseren Sauerländer Bergen, dass der Volksglaube die tanzenden Jungfrauen, diese weiblichen Geister, mit einem Mann ohne Kopf in Verbindung bringt, welcher eben diese Beziehung zum alten Heidentum symbolisiert.

Von diesem Kopflosen hört man häufig erzählen, er sei der Geist eines Mannes, der die Grenzsteine versetzt habe und deshalb zur Strafe auf diese Weise umgehen müsse, meist sogar den Stein im Arm tragend. Andere behaupten, er sei der Geist eines Verbrechers, der eigentlich sein Haupt verwirkt gehabt habe, der aber der irdischen Gerechtigkeit entgangen sei, und nun in der anderen Welt seinen Richter gefunden habe, bis irgendein gutmütiger Sterblicher ihn erlöst. Ab und zu werden auch Erlebnisse erzählt, wie diese unglücklichen, von ihrem Gewissen gepeinigten Umgänger einen vorübergehenden Wanderer anriefen, ihm in fliegender Hast erzählten, wessen Grenze sie verrückten, wessen Erbe sie unterschlugen, welchen Frevel sie begingen, und von ihm verlangten, dass er zu ihrer Erlösung das Unrecht wiedergutmachen und durch irgendein Zeichen seine Bereitschaft dazu erklären solle. Denn sprechen, das ist das Wunderbare, können diese Geister, obschon sie keinen Kopf haben. Sie reden, wie mir ein alter Bauer sagte, mit einer tiefen Bruststimme. Das Urteil des Volkes über den Charakter dieser Geister schwankt indes. Einige werden als gutartige, harmlose Wesen geschildert, als melancholische, bittende Büßer, die nur durch den Schrecken, den sie durch ihre eigentümliche Gestalt und ihr plötzliches Erscheinen einflößen, den Menschen gefährlich werden. Andere dagegen besitzen ein cholerisches Temperament. Sie haben es mit ihrer Erlösung äußerst eilig, und suchen durch Drohungen und selbst durch Gewalttaten die Gewährung ihres Verlangens zu erzwingen. Aber wie sämtliche Gespenster, so sind auch die Kopflosen gegen Neckereien und Scherze äußerst empfindlich. In dieser Beziehung verstehen sie keinen Spaß, und wissen den frechen Spötter oft auf furchtbare Weise zu bestrafen.

Derartige Erzählungen über kopflose Gespenster sind neueren Datums, während der Glaube an ihre Erscheinung viel älter ist. Dazu kommt noch, dass fast in jedem einzelnen Fall die Sage diesen Gestalten übermenschliches Wissen und übernatürliche Macht zuschreibt. Man glaubt daher zu Recht, dass in der ursprünglichen Volkssage diese Kopflosen Symbole der alten Götter seien. In dieser Gestalt sind sie Sinnbilder dafür, dass das Christentum die alte Götterwelt in Trümmer geschlagen, sie ihres Lebens, ihrer Herrschaft beraubt habe, ohne sie schon völlig vernichtet zu haben. Sie leben noch fort, aber nur als etwas Kopfloses, als etwas Totes, das nicht tot sein will, das nur gespenstisch umgehen kann, und seine Existenz, wenn nicht im Herzen, so doch in der Vorstellung des Volkes fortsetzt.

So erscheinen die obersten der alten Götter, Wotan und Frigga, in Volkssagen meist ohne Haupt. Wotan als „*Hackelberg*“, als der Wilde Jäger, wird kopflos gedacht, reitend auf einem kopflosen Schimmel. Manchmal sitzt er enthauptet in einem Wagen, der von vier kopflosen schwarzen oder weißen Rossen gezogen wird. Und

Frigga, die Göttermutter, sobald sie im Heer des Wilden Jägers erscheint oder als todbringende Weiße Frau, wie sie in den Königs- und Fürstenschlössern umgeht, tritt häufig ohne Haupt auf.

Es liegt also dieser sonderbaren Vorstellung von kopflosen Gestalten ein tiefgründiger Gedanke zugrunde. Und dass die Sage vom kopflosen Mann in abertausend Variationen auftaucht, beweist nur, welch tiefe Wurzeln die uralte, poetische Naturreligion in den Herzen geschlagen hatte, und wie zäh an den überlieferten Traditionen festgehalten wurde. Besonders in den gebirgigen Gegenden, in denen das Heidentum sich am längsten hielt, in deren dunklen Waldschluchten, auf deren hochragenden Berggipfeln sich die höchsten Heiligtümer der Götter befanden, ist sie besonders verbreitet. Im Bezirk der Gemeinde Werdohl lassen sich beispielsweise mehr als zehn Stellen nachweisen, an denen die Sage berichtet, dass solch ein Mann ohne Kopf umgeht.

In der Twistelen-Wiese aber und in der Hartmecke, auf dem Weg nach Neuenrade, sah man ihn einst häufig in Gesellschaft zweier weißer Frauen spuken oder einen seltsamen Reigen aufführen. Und an diese Erscheinung wurde so fest geglaubt, und dieser Glaube mit so vielen Geschichten belegt, dass, wer es irgendwie vermeiden konnte, diesen unheimlichen Weg nicht in der Dunkelheit ging. Ja, vor fünfzig Jahren soll einem abergläubischen Wanderer, der auf der Heimkehr von Neuenrade nach der Verse die Stelle passierte und gezwungen wurde, dieses böse Geisterspiel anzusehen und sogar mitzumachen, aus Angst und Schrecken in dieser einen Stunde das Haar schneeweiß geworden sein.

Von jenen beiden Jungfrauen aber, die in der Twistelen-Wiese mit dem kopflosen Wotan umgehen, erzählt eine alte Sage. Ihre Bruchstücke habe ich zusammengesucht und hier zum ersten Mal zu einem Gesamtbild zusammengefügt:

Oberhalb der Twistelen-Wiese erhebt sich hoch und weit in die Lande schauend der Klosterberg. Dort lag vor vielen Hundert Jahren ein Nonnenkloster. Noch heute heißt der auf halber Bergeshöhe herführende Weg, der ursprünglich bis zur Spitze des Berges ging, die *Nonnenfuhr*. Zur völligen Gewissheit wird die alte Tradition nicht bloß dadurch, dass noch heute das an den Klosterberg sich anschließende Waldplateau der *Hilkemert*, also *„der heilige Berg"* heißt, sondern auch dadurch, dass der unterhalb liegende Abhang der *Hacke-* oder *Hackelmert*, das heißt *„Hackelmanns"* oder *„Hackelberends" Berg* oder *„Berg des wilden Jägers"*, *„Wotans Berg"* genannt wird. – Ein Name, der darauf hinweist, dass dort, in der geheimnisvollen Waldschlucht, wo jetzt die Twistelen-Wiese liegt, sich ein Opferaltar Wotans befunden haben muss. Man pflegte nämlich mit Vorliebe dort, wo uralte heidnische Heiligtümer, Tempel, Opferhaine, Altäre, Bildsäulen sich befunden hatten und vom Christentum zerstört wurden, Kirchen oder Klöster als Zeichen des Triumphes zu erbauen.

Dieses Kloster nun, das allem Anschein nach eine der ersten Ansiedelungen der neuen Religion in unseren Bergen und das eher eine Einsiedelei als eine wirkliche Abtei gewesen sein muss, war vermutlich als eine Art Missionsstation gegründet worden, um die Macht des immer noch nicht ganz ausgerotteten Heidentums zu brechen. Zwar hatten Karl der Große und seine Nachfolger mit den strengsten Gesetzen jede Äußerung der alten

Kulte verboten, aber heimlich wurde doch noch den Göttern geopfert und Zauberkunst getrieben. Und es bedurfte einer mühevollen Arbeit, wenn nachhaltige Erfolge errungen werden sollten. Vornehmlich waren es die Klöster, die sich damals dieser Aufgabe widmeten, besonders die Nonnenstifte. Indem sie die weibliche Jugend heranzogen, leisteten sie aufgrund der geachteten und fast priesterlichen Stellung, welche die Frauen bei unseren Vorfahren einnahmen, beinahe mehr als die Mönchsklöster.

So war es auch den Bemühungen der Nonnen auf dem Klosterberg gelungen, zwei edle Fräulein aus altem, angesehenem Geschlecht der Nachbarschaft für die Einsiedelei zu gewinnen. Und das geschah umso leichter, weil sie verwaist waren und gerne den Klosterschutz bei der ehrwürdigen Äbtissin annahmen, welche die Mutterstelle bei ihnen zu vertreten versprach. Indes, wohl lernten sie bald ihr Credo und beteten ihr Brevier, wohl gewannen sie Liebe und Ehrfurcht gegenüber der greisen Äbtissin, aber wenig gefiel den an Freiheit gewöhnten jugendlichen Herzen das Leben in den engen Klostermauern. Aus dem beklemmenden Gehege der nüchternen Predigten sehnten sie sich oft zurück in das uralte, flüsternde Urwalddunkel, das sie mit tausendfachem Zauber von allen Seiten umgeben hatte. Und doch war in dieser Milde und Sanftmut, in dieser Weltentsagung, in diesem Leidensmut, die ihnen bei den Nonnen begegneten, etwas Erhabenes, so dass sie einen schweren innerlichen Kampf durchzumachen hatten. Und noch schwieriger wurde ihnen das Ringen gemacht, wenn sie ab und zu einen fröhlichen Tag verbringen durften, dort unten am Fluss im Haus eines alten Oheims, der freilich nur dem Namen nach ein Christ, innerlich doch noch sehr dem Heidentum zugetan war. Er erzählte ihnen Tausend

Geschichten von den wunderbaren Geistermächten, die überall in Feld und Hag walteten, und er fesselte ihre jugendliche Phantasie mit geheimnisvollen Andeutungen von heiligen Opferfesten und Zaubersprüchen. Dennoch waren sie droben im Kloster schon als Nonnen eingekleidet, und sie gedachten, ihrem Gelübde treu zu bleiben.

Da trafen sie einst, als sie wieder zu dem Alten herniederstiegen, seine beiden Söhne an, die lange Jahre im kaiserlichen Heerbann Kriegsfahrten gemacht hatten und sich nun, mit reicher Beute beladen, in der Heimat zur Ruhe setzen und ihren eigenen Herd gründen wollten. Als sie die edlen, hünenhaften Gestalten mit ihren wettergebräunten Zügen sahen und vernahmen, wie die Kämpen mit ihnen nach höfischer Sitte so kurzweilig zu reden wussten, nicht bloß von dem bewegten, rauhen Kriegerleben, sondern auch von fernen Landen mit breiten Strömen und weiten, kornbestandenen Ebenen, von großen Städten und stolzen Domen, von kaiserlichem Prunk, Turnieren und schönen Frauen mit goldbestickten Gewändern, da hielt in die jungen Herzen ein Gefühl Einzug, das sie darin nicht hätten dulden dürfen. Denn sie hatten Gottesliebe gelobt, die aller Erdenminne entsagt. Freilich, sie hüteten ihre Augen und ihre Mienen so gut sie konnten, damit sie nicht geschwätzig des Herzens Sinn verrieten. Aber mehr als sonst weilten sie mit ihren Gedanken drunten im steinernen Haus und standen oft stundenlang gemeinsam auf des Klosters Warte und schauten hinunter ins grünende Tal. Öfter als zuvor begehrten sie auch die Erlaubnis zu einem Gang hinab.

Doch nur kurz war dieser Frühling stiller Liebe, die gar nicht einmal wusste, ob sie erwidert wurde. Denn die beiden Helden waren es gewohnt, dass schöne Augen ihnen lachten, und sie redeten in zierlicher Sprache manch freundliches Wort, das gar nicht ihrem Herzen entsprang.

Nach etlichen Wochen brachten berittene Boten die Kunde durchs Land, dass die tückischen Ungarn die deutschen Ostmarken überfallen hatten. Da mussten die Mannen alle aufsitzen, um den Feind zu verjagen. Und siehe, als die beiden Fräulein nach etlichen Tagen wieder hinabstiegen zu dem alten Oheim, da waren auch die beiden Sturmvögel wieder hinweggeflogen mit scharfem Speer und schneidigem Schwert, und sie hatten nur einen freundlichen Gruß an ihre holden Gespielinnen zurückgelassen. Denen aber war es, als wäre ihnen das Herz gebrochen, als sie diese Kunde vernahmen, und manche Träne tropfte ins grüne Gras, während sie abends wieder heimwärts zum Kloster aufstiegen.

Aber ihrer Tränen sollten noch mehr werden. Kaum hatte der Mond einmal seinen Umlauf beendet, da kam im schwarzen Rabengewand ein Bote im Haus des Oheims an und berichtete, dass die beiden jungen Herren nach heißem Kampf schwer verwundet in die Hände der grausamen Feinde gefallen seien. Da erhob sich großes Wehklagen, und der betrübte Vater sandte einen Knaben hinauf, um den beiden Fräulein die böse Kunde zu überbringen und sie zu bitten, dass sie kommen sollten, um mit ihm zu weinen und ihn zu trösten. – Ach, sie hätten wohl selber des Trostes bedurft, als sie diese Botschaft hörten! Und auch die Frau Äbtissin merkte bald mit scharfem Blick an den rotgeweinten Augen, wie es um die Herzen ihrer Pflegebefohlenen bestellt war. Sie schalt sie verständnisvoll, dass sie irdischer Liebe Raum gegeben hatten, und versuchte ihnen einzureden, dass die gütige Leitung der göttlichen Vorsehung diesen Ausgang geschaffen habe, um sie dadurch von ihrer unziemlichen Zuneigung zu heilen. Aber je klarer sie diesen Gedanken vorbrachte, umso weniger verstanden die beiden die Meinung der Alten, sondern sie weinten nur noch mehr und erbaten sich Ausgang, um zum Oheim herunterzusteigen. Den gewährte ihnen die Äbtissin auch, wohl wissend, dass je mehr Tränenwasser in die verzehrenden Gluten des Herzens gegossen werde, um so eher die Flamme erlösche.

Als sie nun in das alte Haus kamen und weinend mit dem trauernden Oheim sich begrüßt hatten, da sahen sie dort allerlei geheimnisvolle Vorbereitungen nach heidnischer Art. Im düsteren Gemach auf schwarzbehangenem Tisch standen drei Schüsseln mit drei Messern für die *Mettana*, die Parzen, die spinnenden Schicksalsjungfrauen, damit sie sich durch dieses Gedenken erbarmen sollten, die Lebensfäden der Gefangenen nicht abzuschneiden. Daneben stand eine blakende Kerze für den *Hellejäger*, damit er sie nicht führe in Heles Unterwelt-Reich. Und um den schweren Fuß des eichenen Tisches waren zwei Stricke geschlungen, die führten durch die Wand in den Stall, wo zwei kohlschwarze Rappen standen, die mit neuem Geschirr belegt waren. Die sollten ein Opfer sein an Wotan, den Gott des Krieges, damit er die beiden Gefangenen gnädig wieder heimführe. All diese Vorbereitungen und Zurüstungen zeigte und erklärte ihnen der Alte. Dann wieder, von unsäglichem Schmerz erschüttert, neigte er sein Haupt und sang in dumpfem Ton einfach und herzbewegend ein Gebetslied. Und die Tränen rollten dabei in seinen weißen Bart.

Als er nun sah, wie die beiden Klosterjungfrauen sein Leid mittrugen, da überwand er sich und sagte zu ihnen, dass all diese Opferzurüstungen erst vollendet und wirksam seien, wenn zwei reine Jungfrauen am alten Opferstein im Hackelmert in heiliger Mitternacht dem Wotan die beiden Rappen opferten nach alter Sitte. Und als er sie nun beschwor: „Oh, tut ihr es, ihr beiden! Oh, gebt dem alten Mann die Söhne wieder, damit er nicht einsam und verlassen zu Grabe gehen muss! In eure Hand ist es gegeben, geht hin und opfert heute Nacht, denn es ist Wotans Nacht, wo er umgeht!", – da fochten sie tief erschüttert einen harten Kampf in ihren Seelen. Denn sie dachten daran, dass solch ein heidnisches Tun, solch ein Götzenopfer, eine schmachvolle Verleugnung sei, durch die sie sich die Himmelsburg verschlössen. Sie gedachten der Äbtissin, der sie nicht wieder unter die Augen treten dürften, und des Klosterfriedens, den sie verscherzten. Sie gedachten auch der Todesstrafe, die darauf stand. Aber sie als der Alte nun immer wieder so dringlich bat, und sie die Liebe in ihrem Herzen spürten, da sagten sie endlich zu.

So zogen sie denn um Mitternacht, begleitet vom Oheim und einem alten, zuverlässigen Knecht zum Opferstein, um die Pferde zu schlachten und ihre Köpfe ins Gezweig der alten Eiche zu hängen, damit Wotan sie sehe und begütigt der gefangenen Krieger gedenke. Aber als sie nun im langen, wallenden Gewand der Priesterinnen dastanden, und die feurige Lohe hell leuchtete durch den dunklen Forst, und als sie nun, unter den ernsten Gebeten der Männer, die Opfermesser in die Herzen der Tiere stießen, so dass sie hochaufbäumend zurückschlugen und zuckend verendeten im Steingeröll, siehe, da rauschte es zwischen den Zweigen, und aus dem Waldesdunkel trat mit zwei Begleiterinnen die ehrwürdige Äbtissin. Sie war gekommen, um die beiden Schwestern zu holen. Als sie sah, was hier vorging, erbleichte sie. Und als sie nun die abtrünnigen Schwestern im heidnischen

Priesterinnenkleid erblickte, da bekreuzte sie sich und rief die Rache des Dreimalheiligen hernieder auf die Schuldigen: „Weh Euch, ihr durch irdische Liebe Verblendeten, die ihr zu schmachvollem Götzendienst euch erniedrigt! Euer Leben ist verwirkt, eure Seele der Hölle verfallen! Euch kennt Gott nicht mehr und nicht das Himmelskind, noch seine gnadenreiche Mutter. Euch gebührt der feurige Pfuhl, wo der Wurm nicht stirbt und die Flammen nicht verlöschen!“ Und schnellen Schrittes wandte sie sich ab von der Stätte des Frevels.

Wie versteinert standen die beiden Schwestern da. Die Opfermesser waren ihren Händen entglitten und fielen zur Erde. Im selben Moment aber erhob sich ein Brausen in der Luft. Der Sturm begann zu heulen, falbe Blitze zuckten hernieder, wirrer Jagdruf und wüster Lärm ertönten, und auf dem Opferstein in den lodernden Flammen stand eine Gestalt, riesengroß, übermenschlich, aber ohne Kopf. Wotan, der Wilde Jäger, war es, der im Vorüberziehen hier stillhielt. „Ihr habt mich gerufen“, sprach er, „mit eurem Opfer. Wehe mir, denn ich kann kommen, aber ich kann nicht mehr helfen. Der Götter Macht ist vergangen. Wir sind Schreckbilder nur noch für Kinder und feige Männer. Wehe euch, dass euch des Himmels Pforten verschlossen sind durch hartes Fluchwort. Aber eine Gnade kann ich euch noch geben: Ich nehme euch mit in mein luftiges Gefolge. – Nicht tot, nicht lebendig, Schatten im Schattenreich, so sollt Ihr mit mir fahren!“ Dabei berührte der Wilde Jäger die Jungfrauen mit seinem Jagdspieß. Und siehe, da war’s als zerbrächen ihre Körper wie morsche Stämme, und die Seelen entstiegen wie Nebel aus ihrer Hülle, und mit Wotan hoben sie sich durch die Lüfte, brausend und rauschend über Feld und Wald. Und die Menschen, die sie sahen, sagten: „Hackelberg zieht und mit ihm die wilden Frauen“, und sie verbargen sich scheu am Herdfeuer.

Von Zeit zu Zeit jedoch, in den mondbeglänzten Nebelnächten, dürfen sie sich ausruhen bei Wotans Opferstein in der Twistelen-Wiese. Ab und zu gesellt sich dann der kopflose Mann zu ihnen, und dann schwingen sie sich mit ihm im Windeshauch zum Geisterreigen, und durch den Wald zieht ein geheimes Flüstern wie fernes Wehklagen und leises Weinen, wie ein Klagelied von verschwundener Herrlichkeit.

Der schwarze Hahn am Loh bei Werdohl

In Volkssagen wird häufig der Hahn erwähnt. Dieser Vogel „*Frühauf*“ ist vielfach Sinnbild des Tageslichts, denn er begrüßt die Sonne. Er liebt ihren Schein und ruft nach ihm. Darum sieht man ihn an als den Gegner jedes Teufelsspuks an, der sich in die Nacht verkriechen muss. Darum müssen Dämonen und Gespenster vor dem Hahnenkrähen weichen. Und unzählig sind die Sagen, in denen satanische Umtriebe durch den ersten oder dritten Hahnenschrei gestört oder zerstört werden. Vielfach aber, und zwar namentlich häufig als schwarzer Hahn, ist er gerade umgekehrt ein Sinnbild der Finsternis, ein Tier des Teufels. Schwarze Hahnenfedern nicken von *Junker Valands* spitzem Hut, und um bösen Zauber auszuüben, opferte man ehemals dem Satan einen schwarzen Hahn. Aber auch umgekehrt, um nicht dunkler Magie zum Opfer zu fallen, ließ man früher keinen schwarzen Hahn lange leben. Denn, so ging die Sage, wenn ein solches Tier sieben Jahre alt wird, so legt es ein Ei, aus dem ein Drache entsteht, der Hunderte von Jahren alt und immer größer, immer verderblicher wird.

In ganz eigentümlicher, von dieser Auffassung abweichender Art, gar nicht mehr als Zaubermittel in fremder Hand oder als bloßes Sinnbild des Tageslichts, sondern als eine selbständige Erscheinung, tritt der schwarze Hahn in einer Werdohler Sage auf:

Am Loh, am südlichen Abhang der Egge, sahen unsere Vorfahren von Zeit zu Zeit einen riesengroßen, schwarzen Hahn als gespenstischen Umgänger. Ob in seiner Gestalt ein Verbrecher zur Strafe seine Seelenwanderung durchmachen, sein Fegefeuer erleiden muss, davon erzählt die Sage nichts. Sein besonderes „Umgehegesetz" aber hat sie erkundet. Dieser Hahn, so erzählt man seit mehr als zweihundert Jahren, befindet sich auf seinen Umgängen in stetiger Bewegung auf das Dorf zu. Aber nur alle zehn Jahre, und zwar in einer der zauberreichen Rauhnächte (1.-12. Januar), meist in der Neujahrsnacht, kommt er um einen Schritt dem Dorfe näher. Irgendwann kommt die Zeit, wo er das Dorf erreicht. Dann wird er seine Flügel ausbreiten und seine mächtige Stimme erheben, und über den Ort hinwegfliegen, der dann unter ihm in Trümmer sinkt.

Das ist die Sage. – Warum hat sie gerade den Hahn als Boten dieser Umgestaltung erdacht? Will sie sagen, dass die Industrie kommen wird als das Sinnbild des Lichtes, des aufgehenden Tages? Oder will sie den Fortschritt als Teufelsvogel bezeichnen, der nur Verderben und Elend bedeutet? Mag sein, dass die einen so, die anderen anders denken. Die umklammernde Eisenfaust der Industrie, die das alte Werdohl zerdrückt, kann beides sein. Eine Teufelsmacht, wenn sie nichts als das kalte, tote Gold bringt, das herzlos gespendet und herzlos empfangen wird und den zersplitternden Egoismus, der den alles

Edle vernichtenden Mammon großzieht. Aber auch eine Lichtspenderin kann sie werden, wenn sie mit der wirtschaftlichen Tüchtigkeit gleichzeitig die positiven Mächte pflegt und fördert, wenn sie weit- und warmherzig mit ihren immensen Mitteln eine Quelle helfender, erbarmender, tröstender Mitmenschlichkeit ist. Wird sie das sein, dann wird auch der eingefleischteste Werdohler nicht umhin können, sich zu beglückwünschen, dass ein neues Werdohl an die Stelle des alten getreten ist.

Das Alte stürzt, es ändert sich die Zeit,
Und neues Leben blüht aus den Ruinen.

Sagen und Geschichten

von der mittleren Lenne

Gefundenes und Gesuchtes

von

A. Daniel

II. Teil

Druck u. Verlag von W. Crone jr. in Lüdenscheid

Ich sucht' und fand. Es liest sich das Gefundne
So leicht, als wär's aus alter Schriften
Vergilbten Blättern oder Pergamenten
Nur neugedruckt in diese Form gekommen,

Als hätte hinterm Herd ein alter Bauer,
Schon lang sich ärgernd an moderner Weisheit,
Die Tradition aus graur Vorzeit Tagen
Gesammelt und erzählt beim Qualm des Knasters.

Doch, ach, wie manchen Stoß zernagter Bände
Musst' ich befrei'n von urweltlichem Staube!
Wie Manchem galt's die Daumenschrauben

Neugier'ger Fragen schmeichelnd anzulegen,
Bis schmunzelnd er sich zum Bericht bequemte:
„Ja, Herr, so war es – doch sagt es keinem wieder."

Ohle

Das Haupt des Heiligen Cornelius
Eine Reliquiengeschichte aus dem 12. Jahrhundert

Zwischen Werdohl und Eiringhausen (Plettenberg) im Lennetal, von einem hohen Gebirge umgeben, dessen dunkle Waldbestände die grüne, lichtbeglänzte Talflur nur um so mehr hervortreten lassen, liegt das Dorf Ohle. Überaus idyllisch schaut es aus, wenn der Frühling mit seinem Blütenschnee die Gärten bedeckt und nur da und dort verstohlen ein dunkler Giebel hervorlugt. Hohe Schornsteine verfinstern dort noch nicht die Luft mit ihrem Qualm und verkümmern noch nicht das Wachstum der Wälder und der Menschen. Ohler Lokalpatriotismus erzählt mit Wohlgefallen die, allerdings durch die Kirchenbücher nicht bestätigte, Sage, dass manchmal ein ganzes Jahr vergeht, ohne dass bei ihnen die Totenglocken läuten. Bekannt ist auch der stolze Ohler Spruch: *„Wer da wünscht recht lang zu leben, der muss sich nach Ohl' begeben."* Auch jene Wandervögel der modernen Industrie, jene Heimatlosen, die, wenn sie einen Ort „ausgeborgt" haben, ihr gesamtes Hab und Gut auf die nächstbeste Schubkarre laden, um mit ihrer Armut und ihrem Elend eine andere Ortschaft heimzusuchen, auch diese haben das Dorf noch verschont. So lebt seit Jahrhunderten dort eine biedere, Ackerbau und Viehzucht treibende, sesshafte Bevölkerung, die noch vielfach ihre alten Traditionen bewahrt.

Das Dorf gehört zu den ältesten Ansiedelungen im Lennetal. Die alte Burg, die ehemals auf dem Schneidershof an der Westseite der Kirche stand, ist urkundlich bereits im 12. Jahrhundert dort gewesen. Ja, auf dem

Sundern jenseits der Lenne, jener Anhöhe, die dominierend aufs Dorf niederschaut, soll ehemals eine Burg gestanden haben, deren Erbauung nahezu bis auf die Zeiten der Völkerwanderung zurückgeführt wird. Auch die Kirche in Ohle mit ihrem merkwürdigerweise über dem Chor erbauten Turm ist augenscheinlich sehr alt. Wahrscheinlich ist der Erbauer des Schlosses auf dem Schneidershof auch ihr Gründer gewesen. Wenigstens erzählt man, die Kirche sei früher nur eine Art Hauskapelle der Schlossbewohner gewesen. Das herrschaftliche Haus soll mit ihr dieselbe Brandmauer geteilt haben, und dort, wo sich jetzt das Orgelfenster befindet, habe eine Tür – deren Spuren auch noch deutlich im Mauerwerk wahrzunehmen sind – Schloss und Kirche miteinander verbunden. Möglicherweise hat deshalb auch der Turm seine ungewöhnliche Stellung über dem Chor erhalten.

Schmuck- und stillos stammt die Kirche in ihrer ganzen Anlage aus der vorgotischen Zeit. Seine Erbauer haben von künstlerischen Regeln noch nichts und von baulicher Regelmäßigkeit so wenig gewusst, dass sie beispielsweise die Fenster bald hoch, bald niedrig, bald groß, bald klein anlegten. Auch im Inneren ist das Gotteshaus so verbaut wie möglich, wenngleich ein großer Teil dieser unschönen Ausnutzung des Raumes durch weit vorspringende Galerien nachweislich jüngeren Datums ist. Dennoch macht die schmuck und rein gehaltene Kirche mit ihren massiven Mauern und Pfeilern und mit dem gemütlichen, engen Zusammensein der Gemeinde einen anheimelnden Eindruck.

Ehemals aber, als noch die beiden noch erhaltenen Seitenaltäre in Ehren und Würden standen, der *St. Marien-* und der *St. Servatius-Altar* – letzterer heute geschmückt mit einem sehr alten Reiterstandbild des Kirchenpatrons, des Sankt Martin von Tours –, also in der Zeit vor der Reformation, war die Kirche ein weit und breit berühmter Gnaden- und Wallfahrtsort. Ein Wandschrein an der nördlichen Chorseite, der mit einer eisernern Tür wohlverwahrt war, barg nämlich eine kostbare Reliquie: Es war das Haupt des Heiligen Cornelius, das an Festtagen ausgestellt wurde. Dieser Heilige war seines Zeichens römischer Zenturio und ist ein frommer Mann gewesen, von dem die Apostelgeschichte im 10. Kapitel erzählt, dass er der erste Heide war, der mit seiner ganzen Sippe zum Christentum übertrat und den Heiligen Geist empfing. Danach soll er Bischof von Skamandria geworden sein und noch zu Lebzeiten viele Wunder und Zeichen verrichtet haben. Es war also ein sehr kostbarer Schatz, den die Kirche besaß. Eine Reliquie von einem dieser wenigen ausgezeichneten Heiligen der frühchristlichen Zeit zu besitzen, war ein Vorzug, um den mancher große Dom die kleine Dorfkirche beneidet haben würde.

Aber wie kam das Haupt des heiligen Mannes nach Ohle? Ein älterer Ohler Gelehrter meint: Da zu jenen Zeiten deutsche Legionen in Palästina stationiert waren, so mag der Heilige Cornelius wohl ein Deutscher gewesen sein und möglicherweise aus der Gegend von Ohle stammend. Und so sei es erklärlich, dass sein Haupt nach Ohle kam. Aber dieser Cornelius mit dem echt römischen Namen und seinen notorischen Beziehungen zum Judentum wird schwerlich ein Germane und noch weniger ein Ohler gewesen sein. Ein anderer, augenscheinlich ein verbissener Lutheraner, meint: Als man für die neuerbaute Kirche in Ohle eine Reliquie erbat, werde wohl die Kardinalskommission für gottesdienstliche Gebräuche in Rom, nach altem Brauch, einen Schädel aus den Römischen Katakomben auf den Namen des Heiligen Cornelius getauft und ins Sauerland geschickt haben. Diese leichtfertige Behauptung müssen wir jedoch in Anbetracht der jahrhundertelang unbezweifelten und durch so viele Wunder beglaubigten Echtheit des Ohler Schädels als tendenziöse Erfindung zurückweisen.

Zwar befand sich ein ebenso gut verbürgter Schädel desselben Heiligen ehemals bei der *St. Annen-Vikarie* zu Herdecke, ein dritter in der Basilika zu Trier etc. Aber wir sind weit davon entfernt, aus einem so nebensächlichen Umstand wie der Existenz mehrerer Schädel einen Grund gegen die Echtheit der Ohler Reliquie herzuleiten! Denn die alten Heiligen waren im vollen Sinn des Wortes „wunderliche Heilige", bei denen kleine Eigentümlichkeiten dieser Art niemanden befremden dürfen. Warum sollte denn der Heilige Cornelius nicht ebenso veranlagt gewesen sein wie die Heiligen drei Könige, deren Häupter gleichzeitig in Köln und in Mailand aufbewahrt und verehrt werden? Oder auch wie der, viele Jahrhunderte jüngere, Sankt Columban, dessen Schädel sich zweimal in derselben Schatz- und Reliquienkammer eines irischen Klosters befindet, und von dem der Frater, welcher als Fremdenführer dient, zu sagen pflegt, das eine Haupt stamme aus der Jugend des Heiligen, das andere aus seiner Seniorenzeit?

Aber wie kam nun diese Reliquie nach Ohle? Gewöhnlich erzählt man über solche uralte Heiligtümer, deren mangelnde Beglaubigung durch eine wunderbare Geschichte über ihre Auffindung ersetzt werden muss, Sagen wie zum Beispiel: irgendein reines oder unreines Tier habe sie aus der Erde gewühlt, oder sie seien aus dem Wasser gefischt worden oder von alleine ans Gestade geschwommen; oder es sei an irgendeiner bisher unbeachteten Stelle ein Wunder geschehen, und beim Nachgraben habe man dann die Gebeine eines großen

Heiligen gefunden. Allein, solcher trivialen Mittel brauchte sich der Ohler Wundertäter nicht zu bedienen. Viel poetischer ist die Geschichte vom Haupt des Heiligen Cornelius, und viel besser wird es durch die folgende Sage beglaubigt:

Ebenso wie einst die Engel Gottes die Hütte der Jungfrau Maria auf ihren Fittichen von Nazareth nach Loretto trugen, so haben sie auch den Schädel des Heiligen Cornelius von Mailand (wo er sich also wohl befunden haben muss) durch die Luft nach Ohle getragen.

Aber warum nun gerade dorthin? Wenn die Engel die Reliquie nach Westfalen bringen sollten, warum brachten sie sie nicht nach Münster oder nach Paderborn, oder nach Soest, oder wenigstens nach Attendorn, dem Sitz des Dechanten, der kirchlichen Hauptstadt des Sauerlandes? Nun, die Sage weiß auch das zu erklären:

Es war, so erzählt man, eine schwüle Mainacht. Da bekamen zwei Engel den Auftrag, das Haupt des heiligen Cornelius fein in himmlisches Leinen zu hüllen, in eine Muschel zu legen und es nordwärts zu tragen, an einen Ort, der ihnen gezeigt würde. Nun geht zwar der Flug der Engel eigentlich sehr schnell, ja, mit der Geschwindigkeit eines Lichtstrahls. Aber sie sind auch nur Geschöpfe und können deshalb ermüden. Wenn sie dann auch noch Irdisches zu tragen haben, so kommen sie auch lediglich mit einer irdischen Verhältnissen angemessenen Geschwindigkeit vorwärts. So kam es also, dass sie eine gewisse Mattigkeit verspürten, als der Tag graute. Da ließen sie sich auf dem Hemberg bei Ohle in den Zweigen einer alten Eiche nieder. – Dieser Berg ist seitdem, so erzählt man, immer überreich an Himbeeren *(hemmerten*, daher der Name Hemberg) gewesen. Denn wo die

Fußstapfen der Engel schreiten und wo ihre Flügel ruhen, da wachsen Himbeeren, also Himmelsbeeren. Just an diesem Morgen aber war der Ritter Wilhelmus de Ole, der damals im Schloss zu Ohle hauste – ein hochangesehener Mann, ein Freund der Grafen von Altena und ein geachteter Ministerial der Grafen von Arnsberg – früh aufgestanden. Mit seinem Jagdzeug stieg er den Hemberg hinauf. Er wollte dort einen balzenden Auerhahn beschleichen oder einen feisten Rehbock bepirschen. Als er nun im Zwielicht den leuchtenden Schein erblickte, der wie ein goldener Sonnenstrahl aus ihrer Lichtheimat die himmlischen Boten auf der alten Eiche umgab, da bekreuzigte er sich und beugte andächtig seine Knie vor der wunderbaren Erscheinung. Alsbald wussten die Engel, dass ihnen dieser Mann gesandt war, damit sie in seine Hände das kostbare Heiligtum niederlegten. Und mit himmlischer Rede beglückwünschten sie ihn, dass sein Weg ihn gerade jetzt an diese Stelle geführt hatte. Sie übergaben ihm die Reliquie und legten ihm ans Herz, dass er sie an heiliger Stätte bergen sollte. Doch dürfe das weiße, verhüllende Tuch niemals gelüftet werden. Nur unter dieser Umhüllung werde das Haupt des Heiligen die Bitten seiner Verehrer erfüllen. Schließlich schenkten sie dem Ritter auf sein Ersuchen die Muschel, in der sie den Schädel getragen hatten, und schwebten fort.

Hocherfreut und mit ehrfürchtigem Beben trug Wilhelmus das Kleinod ins Tal und ließ unverzüglich an der Nordseite des Chors in der Ohler Kirche einen Schrein einmauern. Er verschloss ihn mit fester, eisenvergitterter Tür, und setzte das kostbare Heiligtum hinein, wohlverwahrt mit dem schützenden Tuch. Die Muschel aber nahm als köstliche Himmelsgabe fortan einen Ehrenplatz in seinem Schloss ein und wurde so hochgehalten, dass der Ritter sie bald zum ewigen Angedenken für Kind und Kindeskind in sein Wappenschild aufnahm.*)

Seitdem ist das Haupt des Heiligen Cornelius in der Kirche zu Ohle gewesen, und jahrhundertelang sind Züge frommer Beter und Wallfahrer zu ihm gekommen, und Leute mit allerlei Gebrechen, besonders Menschen mit Epilepsie, der „Corneliuskrankheit", haben sich hier gesundgeglaubt und -gebetet, so dass Sankt Martin von Tours darüber schier vergessen wurde.

Einmal im Jahr aber, am 3. Juli, zog eine große Prozession hinter der heiligen Reliquie hinauf zum Hemberg unter die alte Eiche, aus deren Zweigen das Haupt seinen Weg nach Ohle gemacht hatte. Dort wurde ein Hochamt gehalten und von den Tugenden des Heiligen Cornelius und seines Hauptes gepredigt, und diese Wallfahrt wurde, wie alte Chronisten berichten, jedes Mal von besonderen Wundern begleitet.

Als nun aber im Jahr 1596 der Pastor Caspar Aquarius in Ohle die Reformation einführte und nur noch wenige der Römischen Kirche treu blieben, teilte das Haupt des Heiligen Cornelius das Los Sankt Martins: Es wurde mehr und mehr vergessen. Die Scharen der Wallfahrer

---

*) Gelehrte Geschichtsforscher wie der Amtmann Brüning zu Vasbach, welcher ein Büchlein über die Familie derer von Ohle geschrieben hat, mutmaßen: Wilhelmus de Ole habe wohl mit Gottfried II., Grafen von Arnsberg, im Jahre 1217 an dem fatalen Kreuzzug nach Ägypten teilgenommen und deshalb die Jakobsmuschel, das Zeichen der Kreuzfahrer, in sein Wappen aufgenommen. Ich sehe keinen Grund, weshalb man ihnen nicht recht geben sollte. Aber das Volk treibt keine Geschichtsforschung, sondern es wandelt die Historie in Sagen um, indem es richtige historische Dinge, wie hier die Tradierung der Muschel und die heilige Aura, die sie umgab, nach seinen Vorstellungen ummodelt.

verliefen sich, die Wunder hörten auf, und die Reliquie stand unbeachtet, dicht verschleiert hinter ihrem Gitter. Indes, obschon die Gemeinde selbst ihr Kleinod nicht mehr zu schätzen wusste und es nur noch mit konservativer Zähigkeit als Zeuge einer überwundenen Zeit bewahrte, so vergaßen doch viele seiner alten Verehrer den Heiligen Cornelius nicht. Ab und zu schlich sich noch ein Katholik ins Gotteshaus, um dem gesegneten Haupt seine Not zu beichten und ihm sein *ora pro nobis* zuzuflüstern.

Der Dechant von Attendorn aber, die Geistlichkeit von Affeln und Balve, und besonders der Besitzer des Hauses Brüninghausen, gaben sich alle erdenkliche Mühe, die Gemeinde Ohle zu einem Verkauf der kostbaren Reliquie zu bewegen. – Aber vergeblich. Die Gemeinde wollte sich nicht von der alten Erinnerung trennen, und die Pastöre waren einem Verkauf noch abgeneigter, weil sie, dem Reliquiendienst abhold, es für Unrecht hielten, „durch Förderung des Aberglaubens den Säckel der Gemeinde zu füllen“. Als nun trotzdem die Anerbietungen der Katholiken von Zeit zu Zeit hartnäckig immer wieder erneuert wurden, ja, als sogar dem Pastor Johann Hengstenberg, welcher von 1696 bis 1727 in Ohle amtierte, seitens des Besitzers von Brüninghausen, des Herrn von Wrede, die vier besten Milchkühe seines Stalls als Lohn angeboten wurden, wenn er bewirke, dass die Gemeinde ihm das Heiligtum verkaufe, da verfiel dieser ebenso entschiedene wie streitbare[*)] Kämpe des Luther-

*) Dieser in Ohle noch heute oft erwähnte Johann Hengstenberg war ein sehr gewandter, aber auch in allen Leibesübungen geschickter Mann, dem der Mut und die Lust, dreinzuschlagen nicht fehlten. Als eines Tages, so erzählt die Chronik der Gemeinde, der katholische Pastor zu Affeln, wo auch etliche nach Ohle eingepfarrte Lutheraner wohnten, auf der Kanzel weidlich auf die Evangelischen geschimpft und beinahe eine Ketzerverfolgung in Affeln erregt hätte, da ging

tums auf einen seltsamen Ausweg, um ein für allemal diesen fatalen Verhandlungen den Gegenstand zu nehmen.

Eines Nachts ließ er durch einen ins Vertrauen gezogenen Maurer die Kirchentür und die Tür des Heiligenschreins aufbrechen und legte die Reliquie mitsamt dem sie umhüllenden Tuch in einen bleiernen Kasten. Dann ließ er in die Rückwand des Altars ein Loch brechen, den Behälter hineinsetzen und ihn sorgfältig zumauern. Nachdem noch die Spuren der nächtlichen Arbeit säuberlich beseitigt waren, entfernten sich die beiden Einbrecher geräuschlos. Am nächsten Tag aber verbreitete sich wie ein Lauffeuer das Gerücht, die Kirche und das Heiligenhäuschen seien aufgebrochen worden und der Ohler Heilige sei gestohlen. Es wurden Nachforschungen angestellt und Untersuchungskommissionen in Bewegung gesetzt, aber dank der Schweigsamkeit des Pastors und seines Helfers blieben alle Schritte ohne Resultat. Der Heilige war spurlos verschwunden. Nur im Stillen beneidete eine der benachbarten katholischen Kirchen die andere, und mutmaßte, bei ihr sei das geschätzte Heiligtum wohl verborgen hinter Schloss und Riegel.

Seitdem sind nun fast zweihundert Jahre ins Land gegangen, und das Haupt des Heiligen Cornelius lebte nur noch in der Sage einer undankbaren Nachwelt fort. Da wurde Anfang August 1882, bei einer Reparatur an Sakristei und Kirche, im Mauerwerk des Altars eine Stelle

---

Johann Hengstenberg mit einem derben Stock bewaffnet hin und verprügelte nach allen Regeln der Kunst den Herrn Confrater in dessen eigenem Haus so lange und so gründlich, bis er versprach, in Zukunft den konfessionellen Frieden nicht wieder stören zu wollen. Eine Art, einen modus vivendi herbeizuführen, über deren Nachahmung wir hoffentlich auch im verborgensten Winkel Deutschlands bald hinaus sein werden.

gefunden, die sich von ihrer Umgebung abhob. Man forschte nach – und siehe! Nach seinem jahrhundertelangen Schlaf feierte der Ohler Heilige seine Auferstehung. Das Kästchen mit den Gebeinen kam wieder zum Vorschein. Im feuchten Gestein aber, das noch dazu mehr als einmal bei großen Lennefluten unter Wasser gesetzt worden war, war der Boden der Schatulle schon durchgefressen, und das weiße, himmlische Tuch hatte sich in zerfallenden Moder aufgelöst. Die Spuren des Gewebes waren aber noch gut erkennbar. Auch Fragmente eines Schädels, allerdings vermischt mit Knochen, die im menschlichen Haupt nicht vorzukommen pflegen, fand man. Wie diese letzteren dorthin gekommen sind, darüber hat man sich mancherlei Mutmaßungen erlaubt, die nicht immer für das Renommee des Heiligen Cornelius schmeichelhaft waren. Wir lassen aber dergleichen pietätlose Erörterungen, ob sich Stücke vom Schädel einer wilden Katze in dem Kästchen befunden haben, oder ob der heilige Cornelius gleich anderen, dem Menschen noch näherstehenden, Geschöpfen einen Zwischenkieferknochen besessen habe, dahingestellt. Wir begnügen uns nur, hervorzuheben, dass bei der Wiederauffindung der alten Reliquie kein anderes Wunder geschah als dies: dass keines geschehen ist!

Die Eroberung der Hunnenburg

Südwestlich von Ohle, jenseits der Lenne, liegen auf der dichtbewachsenen Höhe des Sundern die Überreste einer alten Wallburg, wie wir sie in Westfalen sehr häufig finden. Ein Ringwall mit Tor und gepflastertem Torweg an der Ostseite sowie Gräben und kleinere Wallreste zeugen noch heute von der fernen Vergangenheit. „Hunnenburg" nennt man im Volksmund den Platz und beruft sich darauf, dass schon im Jahr 1582 bei einem Zeugenverhör über die Eigentumsrechte derer von Rüspe dieser Name üblich gewesen sei. Schon damals habe man ausdrücklich die Gründung dieser Wallburg den Hunnen zugeschrieben. Indes, kompetente Beurteiler sind jene Zeugen sicherlich nicht gewesen, denn die uralte, noch heute allgemein bekannte, Volkssage korrigiert diese Vorstellung selber.

Der Name Hunnenburg ist nichts anderes als das Echo dörflicher Gelehrsamkeit, die mit wichtiger Miene dem lauschenden Volk schon sehr früh ihre geschichtlichen Kenntnisse demonstriert und mit ihrer Autorität für die Richtigkeit ihrer Ansichten gebürgt hat. Weil nun diese Gelehrten augenscheinlich, wie es auch dem Geist früherer Jahrhunderte entsprach, in der Universalgeschichte beschlagener waren als in der speziellen Historie, und vielleicht nichts von *hünen* oder *hûnen*, wohl aber viel von den Hunnen gehört hatten, so stand es für sie bei der Namensähnlichkeit fest, dass die Burgtrümmer auf dem Sundern die Überreste einer Hunnenburg waren. In ihr mussten die Krieger Attilas, der Gottesgeißel, einst gewohnt haben. Und wie werden sie dann den lauschenden Dörflern zu erzählen gewusst haben von diesen ruchlosen Räubern, „denen das Kainszeichen auf die Stirn gedrückt war, deren schauerliche Erscheinung mit den kleinen, schiefen Augen und den unglaublich krummen Beinen, deren furchtbare Greueltaten und plötzliches blitzschnelles Erscheinen und Verschwinden die Sage rechtfertigte, die Hunnen seien Bastarde gewesen von Hexen und bösen Geistern in der Wüste Gobi".

Indes, die uralte Sage, wie sie im Volksmund lebendig war, strafte diese modernen Erklärungsversuche, welche ihr eine geschichtliche Basis geben wollten, offenbar

Lügen. Das Volk nämlich erzählte sich, dass auf der Hunnenburg ehemals Riesen gehaust hätten. Sie waren von so kolossalen Dimensionen, dass die Riesenfräulein, um sich bequem zu waschen, einen Fuß auf den Sundern, den anderen auf den Stüvel – einen am anderen Lenneufer ca. anderthalb Kilometer vom Sundern entfernt liegenden Bergkopf – gestellt haben. Bei Böddinghausen (etwa zweieinhalb Kilometer weiter aufwärts) haben sie sich dann zur Lenne niedergebeugt.

Diese Geschichte existiert unter veränderten Ortsnamen auch in Altena und in vielen anderen Gegenden. Sie ist ein deutlicher Beweis dafür, dass die ursprüngliche Sage an die eher kleinen Hunnen nicht auch nur entfernt gedacht hatte.

Es wird also sicherlich auch diese „Hunnenburg“, wie die anderen Wallburgen, einst die Feste eines sächsischen Edlen gewesen sein. Und wie der Augenschein lehrt, wie auch die vielfach im Berg zerstreuten Mauerreste beweisen, haben die Burgleute, die Leibeigenen des Ritters, die in Kriegszeiten mit Weib und Kind bei ihm eine schützende Unterkunft fanden, oder ihn auf seinen Raub- und Fehdezügen begleiten und in Friedenszeiten für ihn den Acker pflegen mussten, in der Nähe der Wallburg ihre Wohnungen gehabt. Es ist ein kleines Dorf gewesen, das auf der Höhe lag, und offensichtlich sind dort, wo jetzt der Wald seine Schatten ausbreitet, fleißige Hände mit Spaten und Hacke beschäftigt gewesen, um dem Boden eine kärgliche Ernte abzuringen. Eine andere Tradition bestätigt das auch, indem sie erzählt, dass in alten Zeiten drunten im Tal, wo jetzt das schmucke Dorf Ohle liegt, kein Haus und kein Acker sich befunden, sondern nur die Lenne als breiter Strom ihre mächtigen Fluten ergossen habe. Und wenn man die deutlichen Spuren ehemaliger

Wasserläufe im Ohler Tal sowie die überall dicht unter der Humusschicht liegenden Einbettungen von Flusskies erblickt, so ist man geneigt, dieser Überlieferung Glauben zu schenken.

Von der alten Burg aber geht manche Sage. Eine der ältesten erzählt die Geschichte ihres Niedergangs.

Wir versetzen uns in die Zeit nicht lange nach der Übersiedelung der Grafen von Werl nach Arnsberg, welche ungefähr um das Jahr 1077 erfolgt sein muss. Zum Besitz dieser Grafen gehörte auch die Gegend um Ohle. Aber ihr Hort, obwohl rechtmäßig erworben, stand doch auf schwachen Füßen. Denn als die eigentlichen Herren im Lande gebärdeten sich die bösen Raubritter auf den benachbarten Bergen. Damals hauste auch auf der Hunnenburg solch ein wildes Rittergeschlecht, das durch Wegelagerei und beständige Fehden viel Unruhe im Lande schaffte und den armen Unterdrückten manch schweren Seufzer auspresste. Am schlimmsten trieb es zu Anfang des zwölften Jahrhunderts dort oben ein Ritter, dessen Namen die Sage verschweigt. Seit Weib und Kinder ihm verstorben waren, war er ein einsamer Mann, der letzte seiner Familie, zerstritten mit Gott und der Welt. Und nun schien es, als wolle er, ehe sein Geschlecht abtrat und sein Wappen verschwand, noch einmal alle Greuel, die seine Vorfahren geübt hatten, in seinem Lebensrest zusammenfassen und sich an der Welt dafür rächen, dass alles Glück ihn verlassen hatte. Freilich hätte er als lebensüberdrüssiger Abenteurer sein Ende auf blutigem Feld suchen können. Er hätte es in jener kriegerischen Zeit wohl zu finden gewusst. Aber das wollte er nicht. Dazu hasste er die Menschen zu sehr und liebte zu innig Waffengeklirr und Zechgelage. Weil aber mit dem mächtigen Grafen von Arnsberg nicht zu spaßen war, so trieb er seine Frevel mit sorgsamer List, so dass man ihm lange nichts anhaben konnte.

Wohlweislich hatte er, wie es die Sage auch von manchem anderen Sauerländer Ritter erzählt, seinen Rossen die Hufeisen verkehrt herum anschlagen lassen. War er zum Raub ausgezogen, dann schien es, als sitze er friedlich daheim. Schwelgte er dagegen mit seinen Mannen im weiten Burggemach, dann wiesen die Spuren der Hufe, dass er ausgeritten sei. Manch argwöhnisches Späherauge wurde dadurch getäuscht, mancher Verfolger auf eine falsche Fährte geführt, und seine Opfer wurden nur zu oft durch seine List in Sicherheit gewiegt. Wenn sie dachten, die Wegelagerer seien fort, die Luft sei rein, dann war ihnen gewiss ein Hinterhalt gelegt, und über die Sorglosen brach jählings das Verderben herein.

Obgleich nun der Ritter selten einen der Überfallenen entrinnen ließ, so hatten sich doch endlich so viele Beweise angesammelt, dass der geheimnisvolle Wegelagerer niemand anders sein könne als der „Einsame“ vom Sundern, so dass der Graf von Arnsberg etliche seiner edlen Vasallen mit ausreichenden Mannschaften aufsitzen ließ, um den bösen Störenfried unschädlich zu machen. Weil aber unter den Edlen sich auch solche fanden, die selber kein reines Gewissen in dieser Beziehung hatten, so war bei ihnen kein allzu großer Antrieb, die Sache zu beenden. Denn eine Krähe hackt der anderen kein Auge aus. Sie gingen deshalb so behutsam und zaudernd zu Werke, als wären sie die Advokaten des Mannes vom Sundern, nicht seine Richter. Das missfiel aber einem jungen Edlen, der, noch ein Mann ohne Namen, sich gerne seine Sporen durch eine kühne Waffentat verdienen wollte. Er beschloss deshalb, auf eigene Faust zu handeln. Hatte er doch mehrere für den Ritter sehr gravierende

Umstände ausgekundschaftet und selber mit seinem scharfen Auge bemerkt, dass des Ritters Pferde eine höchst eigentümliche Gangart haben mussten, weil das Hinterteil ihrer Hufe immer tiefer eingedrückt war als das Vorderteil. Und so hatte er sich allmählich den wahren Sachverhalt mit nahezu vollkommener Gewissheit zusammengereimt. Weil aber die Wallburg auf dem Sundern fest und gut verteidigt war, so wäre es eine Torheit gewesen, hätte er versuchen wollen, sie im Sturm zu erobern. Er beschloss deshalb, sich einer gewagten List zu bedienen.

Während die anderen Ritter sich noch zaudernd, der eine auf dieser, der andere auf jener Burg, bei Befreundeten aufhielten, merkte er sich die Zeit, wo nach seiner Berechnung die Hufspuren der Rosse darauf schließen ließen, dass der Ritter daheim sei. Da verkleidete er sich sorgsam als reisender Krämer, pochte ans Tor der Wallburg und bot den Knechten seine Waren zum Kauf an. Die aber erklärten, dass sie keinen Bedarf hätten und wiesen ihn ab. Da zog er aus einem geheimen Fach etliche der damals hochbegehrten Zaubersprüche und Himmelsbriefe hervor, kraft deren ihr Träger unverwundbar werde, ein hohes Alter erreiche, im Gold schwelgen könne, und was dergleichen verlockende Aussichten mehr waren. Alsbald wurden die Knechte dermaßen neugierig, dass sie den unverdächtig aussehenden Krämer nicht bloß hereinließen, sondern ihn auch vor den Ritter selbst führten, der tatsächlich in seiner Feste war. Also war bestätigt, was der junge Held gemutmaßt hatte, und wäre er über die Untaten des Ritters noch im Zweifel gewesen, so hätte ihn jetzt doch der Anblick zahlreicher silberner und goldener Gefäße, von sehr unterschiedlicher Arbeit und mit vielen fremden

Wappen, überzeugen müssen, die des Recken Gemach zierten.

Zwar fand der kühne Abenteurer, dass der Saal des Ritters in diesem gefährlichen Augenblick für ihn sehr unbehaglich war, aber er wusste seine Rolle so gut zu spielen, dass er seinen ganzen Vorrat an Amuletten loswurde und sich unbehelligt aus der Höhle des Löwen entfernen durfte. Im Weggehen ließ er dann, scheinbar unabsichtlich, die Bemerkung fallen, es werde eine kleine Schar reisender Händler, die sich um größerer Sicherheit willen zusammengetan hätten, um dadurch bewaffnete Begleitung zu ersparen, mit einer Menge wertvoller Waren noch am selben Abend in der Nähe vorbeiziehen. Vielleicht ließe sich von denen noch Besseres erwerben, als er habe. Damit ging er.

Draußen angekommen, warf er im Wald seinen Kram fort, legte seine versteckt gehaltene Rüstung wieder an, holte aus einem tiefen Seitental, wo er seine Knechte hatte warten lassen, die kleine Schar herbei und verbarg sich mit ihr geräuschlos im Schutz des hereinbrechenden Abends in der Nähe der Burg in einem Hinterhalt. Er rechnete damit, dass der Ritter bald die aussichtsvolle Kunde, die er ihm gebracht hatte, nutzen werde, um den angeblichen Händlern ihre Schätze abzujagen. Und er hatte richtig kalkuliert. Es währte nicht lange, da öffnete sich das Burgtor, und der Ritter mit seinen Knechten zog heraus, um den Beutezug zu unternehmen. Im selben Augenblick brach der Arnsberger mit seinem Fähnlein wie ein Sturmwind aus dem Wald hervor und machte den ahnungslosen Ritter nebst seinen Knechten nach einer so kurzen Gegenwehr nieder, dass die Knechte in der Burg weder Zeit noch Besinnung gefunden hatten, um zur Hilfe herbeizueilen oder das Burgtor zu verbarrikadieren.

Mit gewaltigem Anlauf gelang es ihm deshalb, dem ersten Erfolg den zweiten hinzuzufügen: Er sprengte die nur leicht geschlossene Pforte und überwältigte die wenigen Zurückgebliebenen. Der kühne Handstreich war gelungen, die stolze Raubburg gefallen und der Räuber war tot, der das Land beunruhigte.

Da teilte der junge Ritter seine Schar, legte die eine Hälfte als Besatzung in die Wallburg und raffte alle geraubten Kostbarkeiten, die er fand, zusammen. Er nahm sie als corpus delicti mit, und ritt mit der anderen Hälfte seiner Leute noch in derselben Nacht nach Arnsberg zurück.

Als der Graf alles vernahm, was geschehen war, und die Beutestücke mit so manchem ihm bekannten Wappen sah, wurde er sehr froh, dass dieser Feind der menschlichen Gesellschaft aus dem Weg geräumt war. Er lobte den jungen Helden sehr wegen seiner Kühnheit und Treue und schenkte ihm den Besitz des Ritters vom Sundern und die Talflur darunter als erbliches Lehen. Nur die Bedingung knüpfte er daran, dass er die Befestigung der Hunnenburg schleifen müsse, damit niemals ein anderer wieder ein Diebesversteck daraus mache. Das tat der Ritter auch, und nachdem er noch zuvor einige Erdwälle zum Schutz gegen die fortwährenden Überflutungen der Lenne angelegt hatte, baute er sich, seinen geringen Mitteln entsprechend, unten im Tal ein kleines Schloss. Und weil er ein frommer Mann war, so errichtete er bald danach unter dem Schutz und mit Hilfe des Grafen eine Kirche an seinem Schloss. Weil aber beide Bauten unten in der grünen Talflur lagen, im Ohle oder Ole, wie man früher schrieb, so nannte man den Schlossherren bald den *Ritter von Ole* oder *de Ole*.

Überall gesegnet in seinen Unternehmungen, wurde er der Stifter eines angesehenen Geschlechts, dessen Güter und Besitzungen durch die wirtschaftliche Tüchtigkeit ihrer Besitzer und durch die Gunst der Grafen von Arnsberg, die ihren treuen Ministerialen stets hold und gewogen blieben, sich immer weiter ausdehnten.

Das Schloss in Ohle aber wurde der sich ausbreitenden Familie zu klein und unbedeutend, um viel daran anzulegen. Sie erwarb daher bald schon das bessere und größere Gut Brüninghausen hinzu, von dem sie auch den Namen „von Brüninghausen" oder „von Brunynchus" führte. Im Jahre 1552 zog der letzte Bewohner aus dem Geschlecht derer von Ole, Johann von Ole, auf seine Güter bei Frielentrop, und das Haus Ole fiel durch Heirat an die schon zuvor mit ihnen verwandte Familie von Rüspe, mit welcher sie bereits im Jahre 1351 Brüninghausen geteilt hatten.

Danach haben die von Rüspe noch etliche Jahre hindurch einige Mönche oder Nonnen in dem alten Schloss wohnen lassen, bis es allmählich einstürzte, weil man es der Mühe und Kosten einer Reparatur oder eines Umbaus nicht für wert erachtete.

Heute findet man nur noch wenige Spuren des alten Baus. Bloß unter der Grasnarbe im Schneidershof liegen noch Mauersteine und Mörtel, und ein wohlerhaltener Keller ist immer noch im Gebrauch. Die Kirche aber, massiver und besser gebaut und sorgsamer gepflegt, trotzt auch heute noch dem Sturm der Jahrhunderte und zeigt noch deutlich die Stelle, wo sie einst mit dem Schloss ihrer Erbauer zusammenhing.

Das Gespenst auf der Hunnenburg

Nirgends gibt es mehr Gespenster- und Geisterspuk als zwischen den Bergen, deren dunkle Schluchten, jähe Felsspitzen und unheimliche Abgründe nebst den überall zerstreuten Mauerresten aus verflossenen Jahrhunderten wie geschaffen dazu sind. Da wohnen auch die Geisterseher und die *Schichtekieker*, Leute, die Leichenzüge, Feuersbrünste und andere wichtige Ereignisse aus ihrem weiteren oder engeren Umfeld mit haarsträubender Genauigkeit vorhersehen. Auch die besonders begabten Sonntagskinder gibt es, die eine vor- und übermenschliche Geisterwelt sehen und mit ihr verkehren können.

Es ist mit diesem Volksglauben wie mit dem bösen Hauskobold in der Sage: Die Hausbewohner hatten schon alles vergeblich versucht, um ihn zu bannen. Er war aber keinem Zauberspruch, keinem Weihwedel und keinem Schimpfwort zugänglich, vergalt vielmehr alles nur mit umso ärgerem Schabernack. Da zündete endlich der verzweifelte Hausherr das Haus an allen vier Ecken an, um ihn loszuwerden. Aber als die Familie in der frohen Hoffnung, nun dem Plagegeist sicher entronnen zu sein, von dem brennenden Haus mit ihrem Hausgerät fortziehen wollte, da rief der böse Puck vom letzten Wagen frohlockend herunter: „Wenn wir nicht wären entronnen, so wären wir alle verbronnen." So lebt auch die folgende Sage fort:

Es war am Ende des vorigen oder zu Anfang dieses Jahrhunderts, da war ein Köhler Namens Johannes N. am Sundern unterhalb der Hunnenburg damit beschäftigt, das Holz für einen anzulegenden Meiler zu fällen. Nach Köhlerart hatte er sich, um die Unbillen der rauhen

Witterung besser ertragen zu können, aus mit Ginsterbüschen behangenem Stangengehölz in der Nähe seiner Arbeitsstelle eine Hütte aufgeschlagen. Als nun die Mittagszeit gekommen war, und er sich in seinen Verschlag zurückgezogen hatte, um sein ärmliches Mahl zu verzehren, da sah er auf einmal vor sich eine überaus seltsame Gestalt: einen Mann mit hohen, schlappen Stulpenstiefeln, langer Schoßweste mit silbernen Knöpfen, blauem Frack und dreispitzigem Hut. Unser Johannes wusste gleich, dass er es mit einem Gespenst zu tun hatte, das nach Art der vornehmen Geister das Recht hatte, auch um die Mittagsstunde umzugehen. Er sah bald, dass dem unheimlichen Wanderer der Edelmann ins Gesicht geschrieben stand, und ehrfürchtig lüftete Johannes aus angeborenem Respekt seine Kappe. Und richtig! „Fort mit dir", herrschte der Edelmann dem Köhler an, „was tust du Lümmel hier mitten auf dem Fahrweg nach meiner Burg?" Und ehe noch der erschrockene Köhler recht zur Besinnung kam, war der gespenstische Ritter mitten durch seine Hütte geschritten, als wären die Ginsterwände eitel Luft, und Johannes sah noch, wie er im Torweg der Hunnenburg verschwand.

Zitternd raffte der Köhler das Gestänge und die Wände seiner Hütte zusammen und trug sie, um den gestrengen Herrn nicht zu beleidigen, an einen anderen Ort. Aber vergebens. Am anderen Mittag erschien der Edelmann wieder und rief um einen Ton lauter dem Köhler zu: „Fort mit dir! Was tust du hier mitten auf dem Reitweg nach meiner Burg?" Und wieder, noch ehe Johannes seine Hütte abbauen konnte, war er gespenstisch hindurchgeschritten, hinauf zu den Trümmern der alten Wallburg. Unser Köhler fürchtete sich noch mehr und beeilte sich, wiederum an einer entfernter gelegenen Stelle sein Schutzdach aufzurichten. Aber wieder umsonst.

Denn zum dritten Mal kam der Edelmann, und diesmal mit drohendem Angesicht, und er schrie Johannes von Weitem schon zu: „Fort mit dir! Was hast du zu suchen hier mitten auf dem Schleichweg nach meiner Burg?“ Diesmal aber war der Köhler schneller und hatte seine Hütte schon niedergelegt, als der Ritter herankam. Dieser rasche Gehorsam gefiel dem gestrengen Herrn augenscheinlich. Sein Angesicht legte sich in merklich gnädigere Falten, und er nickte und winkte dem Köhler zu: „Folge mir!“ Seine Mütze in der Hand, ging der zitternde Johannes, der keinen Widerspruch wagte, hinter dem Ritter her. Sieh’, da standen sie auf einmal vor einer geheimen Pforte im Wall, die Johannes früher nie gesehen zu haben sich entsann. Der Ritter aber führte ihn hindurch in ein großes, unterirdisches Gewölbe voll altertümlicher Kisten und Truhen.

„Johannes“, sagte da der Ritter, und setzte sich auf einen alten Kasten, „Johannes, ich war der letzte Ritter, der hier gehaust hat. Und so wie du jetzt vor mir zitterst, so und noch ganz anders haben viele vor mir gezittert und auf ihren Knien um Gnade gefleht. Mich aber kümmerte ihr Winseln nicht. Ich nahm ihre Schätze und ihr Leben. Hei, das war eine lustige Welt! Rauben und morden da draußen in fröhlichem Fehdezug, und dann hier das Zechen und Jubeln in der Burg! Aber nun muss ich büßen und muss wandern hin und her an alle Stätten, wo ich vor Zeiten gefrevelt habe. Und bin ich an allen gewesen, dann muss ich hier sitzen, bis die Wanderung wieder anfängt, hier vor den Schätzen in diesen Truhen, die ich zusammengeraubt habe, und die meine Feinde nicht fanden, als sie meinen Unterschlupf zerstörten. Und all das Blut, das an ihnen klebt, kommt mir wieder vor die Seele, und hier“ – dabei lüftete er den Deckel der nächsten Truhe und hob ein Bund glitzernder goldener Ringe empor – „hier in diesen Ringen sehe ich wieder die Finger der Erschlagenen, die ich abschnitt, um bequemer ihre Kleinodien zu rauben."

Den Köhler überlief es heiß und kalt, als der Ritter das erzählte, und obwohl ihm auch unter anderen Umständen die blitzenden Juwelen arg gefallen hätten, jetzt war es ihm, als sähe er auch, was der Ritter sah, und als stiege ein Modergeruch aus den großen Kisten, als zöge eine bluttriefende Geisterschar gespenstisch durch das Gewölbe, als hörte er das Ächzen der Verwundeten, das Fluchen und das Beten der Sterbenden, und das Haar stand ihm, wie er später sagte: *„pilricht in de lucht"*. Aber als aber nun gar der Ritter zu ihm sprach: „Johannes, du kannst mich erlösen, wenn du die silbernen und goldenen Geräte, die Ringe und Münzen nimmst und sie wieder in den Verkehr der Menschen bringst; nimm sie, sie sind dein", – da raffte sich Johannes jählings auf. Es war ihm, als wäre der Mann mit dem Dreispitz und dem blauen Frack der Teufel selbst, und spornstreichs rannte er davon, als würde die Hölle hinter ihm brennen. Schleunigst nahm er auch seine Hütte und brachte sie, da er nun die Wege alle kannte, auf denen der gespenstische Ritter umging, zum dritten Mal an eine andere Stelle. Nun hatte er Ruhe vor dem ruchlosen Umgänger.

Als Johannes später die Geschichte erzählte, haben viele nach jener verborgenen Pforte gesucht. Denn nicht alle hatten solch ein zartbesaitetes Gewissen wie der ehrliche Köhler. Sondern die einen meinten, wie der alte Römer: *„non olet"*, dem Gold riecht man es nicht an, wer es gehabt hat, oder dass es geraubt ist. Andere aber, die noch etwas wussten von einem geheimnisvollen Höllenqualm des Verbrechens, der unsichtbar am Raubgut und Blutgeld klebt und zum Himmel hinaufstinkt, so dass die

Engel des Gerichts die Zornesschalen des Fluches auch über den schuldlosen Besitzer gießen, sie meinten, die Jahrhunderte hätten wohl diesen Höllenrost des Blutes und der Frevel abgewischt, und es sei nicht gefährlich, die alten Schätze zu besitzen. Indes, wie viel sie auch suchten, die geheimnisvolle Pforte fand keiner wieder.

Die besten Freunde des Köhlers aber, der noch immer von Zeit zu Zeit von seiner sicheren Hütte aus auf dem einen oder anderen der Burgwege den gespenstischen Ritter umgehen sah, haben ihn oftmals bestürmt, er möge ihnen doch zu einer Begegnung mit dem Geist verhelfen. Johannes war auch durchaus nicht abgeneigt, gegen einen soliden Schluck aus der Flasche eine solche Bitte zu erfüllen. Aber wie der Erfolg bewies, war das Sehen des ritterlichen Gespenstes an eine ganz bestimmte Bedingung geknüpft. Den Geist konnte nämlich nur erblicken, wer wie unser Johannes, am 29. Februar, wenn der Tag auf einen Sonntag fiel, mittags zwischen zwölf und dreizehn Uhr geboren war. Und solche Wunderkinder sind überaus rar. Wenn darum der Köhler seine Besucher auf einen der drei Burgwege geführt hatte und, während er sich selbst schaudernd zurückhielt, hinüberzeigte: „Seht, da schleicht der Ritter wieder durch die Büsche“, dann sahen diese nichts als Sträucher und Wald, und noch heute liegt das Gewölbe mit seinen Truhen und Kleinodien ungeöffnet und wartet des Sonntagskindes mit weitem Gewissen und habgierigem Herzen.

Der Brunnenhahn auf der Hunnenburg und der Dorfhund in Ohle

Wenn es irgendwo zwischen altem Mauerwerk nicht geheuer ist, dann weiß man auch bald von allem und jedem etwas zu erzählen. Jeder Stein, dem man noch ansieht, was er ehemals gewesen ist, bekommt seine Geschichte, besonders, wenn er auch wirklich ein Merkstein war, an bedeutsamer Stelle saß und noch obendrein eigentümliche Zierraten an sich trug. Wie viele Geschichten hängen doch an allen Wappenschildern und Standbildern! Die Zeugnisse einer historischen Vergangenheit werden in der Volkssage zu redenden, lebendigen Zeugen der Historie. Wie viele alte Standbilder wandern wie Geister in besonderen Nächten umher! Mancher steinerne Roland hebt Arm und Schwert! Manche Glocke macht ihren Sonntagmorgen- oder Sonntagnachmittagsspaziergang! Sollte es uns also wundern, wenn auch droben auf der Hunnenburg zu bestimmten Zeiten die Steine sich belebten und umgingen? In der Tat erzählt die Sage davon.

Innerhalb der Wallburg lag und liegt ein Brunnen. Ehemals wasserreich, war er ein köstlicher Schatz für die Bewohner auf der Höhe und noch mehr, wenn einmal in schweren Kriegsläufen die Burg eine Belagerung auszuhalten hatte. Jetzt ist er fast ganz verschüttet, und nur Lokalkundige können seine Stelle noch zeigen. Auf diesem Brunnen lag vor noch nicht allzu langer Zeit ein schwerer, großer Stein. Jetzt liegt er abseits, bedeckt von wucherndem Moos und zerschlagen von unbekannter Hand. Die Sage geht, er habe in alten Zeiten als Brunnendeckel gedient, wie man heute die Ziehbrunnen mit einer Brettertür zudeckt. Das muss indes wohl zu den Zeiten der legendären Riesen gewesen sein. Als sie ehemals die Hunnenburg bewohnten, konnten sie solch einen schweren Stein anheben, als wäre es ein Stücklein Spaltbord, und sie schlürften dann den gefüllten Eimer mit einem kurzen Schluck aus, als tränkte man einen Ochsen aus einem Fingerhut. Mir scheint, der Stein habe ehemals als Kopfstück der Brunneneinfassung gedient. Als diese allmählich zerfiel, mag er quer über die Brunnenöffnung gefallen sein. Jedenfalls nahm er eine wichtige, auffällige Stelle ein.

Auf diesem Stein nun stand oder steht noch in eigentümlich erhabener Arbeit ausgemeißelt die Figur eines Hahnes. Ein Künstler ist der alte Meister, der sie ausgehauen hat, wohl schwerlich gewesen. Aber darauf kam es in jenen Zeiten des frühesten Mittelalters auch gar nicht an.

Genug, dieser Hahn war da und sicherlich nicht ohne Grund und Bedeutung. Vielleicht hatte ehemals, wie einst die Gänse das Kapitol zu Rom, so ein wachsamer Hahn die Hunnenburg vor einem feindlichen Überfall gerettet. Vielleicht hausten dort, wo die Burg später erbaut wurde, auch mit Vorliebe Auerhahn und Birkhahn, so dass der Name der Burg ursprünglich *Hanenburg* gelautet haben könnte. Vielleicht war es auch ein besonderes Familienereignis, bei dem der Hahn eine große Rolle spielte, das auf diese Weise verewigt werden sollte. Möglicherweise, man könnte fast sagen: wahrscheinlich, war er ein Bild des mythologischen Hahnes *vidofnir*, der in der germanischen Götterlehre, besonders aber in der durchweg mit ihr verwandten slavischen, als das Tier *Swantewits*, des obersten Gottes, eine hervorragende Rolle spielte. Er stand in solcher Verehrung, dass man den Hahn auf unseren Kirchtürmen vielfach geradezu als den aus dem Heidentum überlieferten Hahn *Swantewits* oder als *vidofnir* bezeichnet. Indes, wer kann es wissen, weshalb die Ritter von der Hunnenburg dieses Tier auf ihren Brunnenstein einmeißeln ließen! Jedenfalls stand er nicht von ungefähr da. Er musste eine geheimnisvolle Bedeutung haben. Und das genügte, um ihn in den Zauberschleier der Sage zu hüllen.

Von diesem Hahn wird erzählt, dass er nicht immer an seinen Stein gebunden ist, sondern sich von Zeit zu Zeit loslöst und heraustritt. Und zwar nicht in seiner natürlichen Kleinheit, sondern in gewaltig vergrößerter Gestalt. Ist der Hahn aber einmal seiner steinernen Erstarrung entronnen, dann schreitet er gravitätisch umher und übt sein Wächteramt auf dem Berg aus.

Doch nicht als gemeiner Tages- und Wetterprophet kräht er in die Welt hinaus. Auch nicht jedem ist er sichtbar. Nur wer auf verbotenen Wegen wandelt, der hat zu befürchten, dass er ihm erscheint. Der weidgerechte Jäger mit dem Jagdschein im Holster sieht ihn nie. Aber dem Wilddieb und dem Sonntagsjäger, die auf der Höhe umherschleichen, tritt er entgegen. Mehr als einmal, so wird erzählt, hat er mit seinem starken Schnabel solchen Freibeutern ihr Jagdzeug entrissen und sie selber mit mächtigem Flügelschlag kopfüber, kopfunter von der Höhe ins Tal befördert. Auch den Waldbesitzer, der da oben forstmännisch den Berg bewirtschaftet, lässt er ungeschoren. Aber wehe dem Holzfrevler, der auf dem Sundern den Spruch zur Geltung bringen will: „*Holzdieb hat Gott lieb*"! Des Hahnes Fußtritt und Flügelschlag zeigt ihm gar bald die Nichtigkeit seiner Diebesregel und verleidet ihm das Wiederkommen gründlich. Kurz, die Furcht, in des Hahnes Gewalt zu fallen, ist so groß, dass sie den Berg wie mit einem magischen Gehege umschließt.

Seine besondere Spezialität ist aber die, dass er es für seine Aufgabe hält, über die Kleinen wachen zu helfen und die vielbeschäftigten Mütter des Dorfes bei der

Erziehung zu unterstützen. Wehe dem Kind, das der Mutter Befehle missachtet. Schon manchen unnützen Buben und manches schreihalsige Mädchen hat er höchsteigenfüßig mit seinen Krallen erfasst, es hinaufgetragen auf die alte Wallburg, und es tief unten im dunklen Brunnen eine Stunde oder zwei sitzen lassen.

Und das mag für die Beteiligten wohl schlimmer gewesen sein, als wenn sonst der große Nikolaus die unartigen Buben einen Moment ins schwarze Tintenfass steckte. Kein Wunder, dass noch heute der Hahn von der Hunnenburg das Schreckgespenst der unartigen Kinder in Ohle ist, so dass die Mütter ihre schreienden Kleinen augenblicklich mäuschenstill machen, wenn sie ihnen sagen: „*Büste still, süs kümt de hân*“, oder „*süs kümste oppet hunenhius!*“.

Es ist ein Glück für einen Ort, wenn solche unsichtbare Geistermächte die Aufsicht wahrnehmen. Doch in dieser Beziehung ist Ohle auch noch anderweitig besonders günstig situiert. Wie der Hahn auf dem Berg und bei den Kleinen, so übt der sagenhafte Dorfhund die Überwachung im Tal und bei den Großen aus.

Dieser Dorfhund gehört zu jenen mythologischen Figuren, deren Herkunft nicht ganz klar ist. Zwar spielt auch sonst im deutschen Volksglauben der Hund eine nicht unbedeutende Rolle. Als das heilige Tier Wotans, Friggas und auch der Nornen kann er weissagen, Leichenzüge sehen, nimmt Teil an der Wilden Jagd, hütet Schätze etc. Aber in den Rahmen dieser Vorstellungen gehört der Dorfhund nicht hinein. Auch darf er nicht verwechselt werden mit dem Knüppelhund des westfälischen Aberglaubens. Dieser ist der Begleiter oder sogar oft die Personifikation des *Hellejägers*, des Teufels. Er symbolisiert den Streit zwischen Himmel und Hölle um die Menschenseele, indem er jedes Mal in der Nacht vorher dreimal das Haus umkreist, in welchem am folgenden Tag jemand sterben soll, dessen Seligkeit zweifelhaft erscheint. Ja, in dieser Gestalt erscheint der Teufel in der Sage immer bei der Beerdigung eines Freimaurers, um persönlich dessen schwarze Seele in Empfang zu nehmen. Dem Dorfhund dagegen umgibt wohl etwas Geheimnisvolles und Geisterhaftes, aber nichts Teuflisches. Er ist auch keineswegs Begleiter oder Vorbote des Todes, sondern nach Hundeart ein Beschützer der Lebendigen, aber als eine übernatürliche Gestalt auch ein sittlicher Wächter über ihr Tun.

Ehemals war überall vom Dorfhund die Rede. Jeder Ort hatte den seinigen. Auch in Werdohl ging vor Zeiten ein solcher um, der die sehr schätzenswerte Eigenschaft besaß, abends um die Polizeistunde zähnefletschend mit seinen glühenden Augen durch die Fenster der Wirtsstube oder wenigstens über die Klapptür zu blicken, so dass die etwaigen späten Gäste alsbald ihre Zeche bezahlten und sich eiligst heimwärts trollten. Leider scheint diese vortreffliche Bestie hier ausgestorben zu sein. In Ohle aber läuft der treue, gespenstische Wächter noch heute herum, prüft die Äcker und Höfe, die Wiesen und Weiden, und der Ohler schläft ruhig unter seinem Schutz. Nur stören und belauschen lässt er sich, wie alle Gespenster, nicht gerne bei seinen Umgängen, und wehe dem neugierigen Spötter, dem es nicht gelingt, sobald der Dorfhund ihn bemerkt, eine feste Tür zwischen sich und ihn zu bringen! Ansonsten ist er durchaus harmlos, aber von strengen Grundsätzen.

Vor nicht allzu langer Zeit hat er auch noch in Ohle, gerade wie in Werdohl, die Wirtshauspolizei ausgeübt und sich besonders als Feind des Kartenspiels gezeigt. Gelang es ihm nicht, durch seine Erscheinung am Fenster die Unheiligen Drei Könige zu bannen, dann ist er auch wohl in die Stube gekommen. Und als einst die Spieler bei seinem Eintreten die Karten schleunigst in ihren Taschen verschwinden ließen, hat er diese nach Hundeart beschnüffelt und dabei so vernehmlich geknurrt, dass sie schworen, keine Karte mehr zu berühren.

Wer hier seine Zweifel zu äußern wagen sollte, dem bestätige ich nur, dass einer der im übrigen durchaus glaubwürdigen Leute, die mir von ihrem Dorfhund erzählten, ihn selber vor nicht allzu langer Zeit gesehen hat, als er eines Abends mit dem Nachen über die Lenne ans Ohler Ufer fuhr. Kaum war er nämlich in der Mitte des Flusses, so wurde sein Blick gefesselt durch die Erscheinung eines Tieres, so groß wie ein Esel, mit „*gläunigen*" Augen wie ein Tassenkopf und mit langer, nachschleppender Kette. Es patrouillierte am Ufer und bewachte augenscheinlich das dort weidende Vieh, damit keines zu Schaden käme. Nun hätte das zwar auch mit rechten Dingen zugehen können. Dem widersprach aber nicht bloß die ganze Erscheinung des Tieres, seine „*gläunigen*" Augen, die lange, rasselnde Kette, sondern besonders der Umstand, dass dieser geheimnisvolle Wächter mindestens in Tischhöhe über der Erde stracks durch die Luft marschierte. Es war also ganz zweifellos niemand anderes als der Dorfhund, den mein Gewährsmann sah. Und ob er gleich auf guten Wegen sich befand, so wagte er sich doch nicht eher ans Ufer, als bis das gespenstische Tier seinen Augen entschwunden war.

Eine sagenlose Stadt

Wenn man nordwärts von Werdohl die gewaltige Bergwand erklimmt, die wie eine steile Mauer den Talkessel abschließt, dann kommt man nach einem etwa halbstündigen, angestrengten Marsch auf einer Höhe an, von der sich nach Osten und Nordosten hin ein weiter Blick auftut. Im Hintergrund liegen blau die Berge. Vor uns erhebt sich eine weite, wellenförmige Hochebene, die hier und da von einer größeren Erhöhung unterbrochen wird. Zu unseren Füßen aber, an ihrem Eingang, von Feld und Wiese umgeben, liegt die Stadt Neuenrade. Die weißgetünchten Häuser, fast alle mit bleifarbigem Schiefer gedeckt, geben dem Ort ein freundliches, aber auch etwas einförmiges Aussehen. Wir schreiten näher. Mitten durch den Ort geht eine, wenige hundert Schritt lange, breite Straße. Rechts hat sie einen Parallelweg, links zwei oder drei kürzere. Das Ganze ist mit einem nicht überall mehr erkennbaren, hier und da aber noch von mehr oder minder trübem Wasser gefüllten Graben und spärlichen Resten eines zerstörten Festungswalls umgeben. Nur an der Südseite der Stadt erweitert sich der Wall noch zu einem herrlichen, von ehrwürdigen Eichen umsäumten Platz. In seiner Mitte steht eine uralte Linde, unter deren dichtem Laubdach seit Jahrhunderten fröhliche Menschen ihre Volksfeste und Festtage gefeiert haben, wo aber auch zu der Zeit, als die jetzige Kirche erbaut wurde, eine andächtige Gemeinde Sonntags der Predigt gelauscht hat.

Anscheinend steht die Stadt auf sumpfigem Untergrund. Er hat ihr einst den in alten lateinischen Urkunden nicht seltenen und von den Grafen von der Mark häufig gebrauchten, wenig schmeichelhaften Namen *drechroide* = „*Dreckrade*" eingebracht. Auch mag sie ihn früher wohl noch aus anderen Gründen bekommen haben. Dank einer umsichtigen Polizeiverwaltung sind aber aus den vier bzw. fünf Avenuen die ebenso übelriechenden als für den Landmann unentbehrlichen großen Düngerhaufen, welche als Maßstäbe des Wohlstandes fast vor jeder Tür, oft bis zu der respektablen Höhe von 1½ Meter, aufgestapelt lagen, verschwunden. Das Angesicht des Städtchens ist dadurch freundlicher geworden.

Aber seine blanken Fenster sehen aus den – von keinen blumengeschmückten Gärten mit lauschigem Laub und schattigen Bäumen umgebenen Häusern – wie lauter altkluge Augen prosaisch und nüchtern in die Welt hinaus und auf die Straße hinunter. Es ist, als sähe man noch heute dem Ganzen an, dass die Bewohner des Städtchens an dieser Stelle nicht nach alter, freier sächsischer Art sich angesiedelt haben, wie Tacitus sagt: „*ubi fons, ubi campus, ubi nemus placuit*“, wo Quell und Feld und Wald ihnen passte, sondern dass sie auf Befehl hierher versetzt worden sind. Sonst hätten sie sich sicherlich auf der weiten Ebene weitläufiger eingerichtet.

Als im Jahr 1353 der Droste des Grafen Engelbert von der Mark, der Ritter Gert von Plettenberg, während sich sein Herr auf einer Reise nach Palästina befand, die Stadt als eine Grenzfeste gegen das Herzogtum Westfalen anlegte, da mussten die Bewohner des alten Dorfes Rade, dicht unterhalb der Wilhelmshöhe, wo ihre Vorfahren einst den Wald gerodet und Feld und Wiesen am sprudelnden Quell angelegt hatten, ihre Häuser räumen und sich zwischen den Ringmauern ein neues Rade bauen. Und als die Menschen im Mengenscheid sich schwer vom Sitz ihrer Väter trennen konnten, da wurde ihnen das Dach über dem Kopf weggerissen und sie selbst mit Gewalt ins Städtchen getrieben. Zwar haben sich die

Bürger an ihr aufgezwungenes Zuhause allmählich gewöhnt, aber der Zwang, der auf ihrem Nacken lag, hat die im Wohlgefallen am frei gewählten eigenen Haus und Hof stets wurzelnde Sage nicht aufkommen lassen. Den Zauber dieser urwüchsigen Volkspoesie muss diese Stadt entbehren. Wohl geht ihr Ursprung in sagenumwobene Jahrhunderte zurück, aber bei ihr webt kein Geheimnis seinen Schleier darüber. Es sind alles einfache, bekannte, nüchterne Tatsachen. Und seitdem besteht des Städtchens Geschichte aus eben solchen, in sorgsam gepflegten Archiven niedergelegten Fakten. Und wo kein geheimnisvolles Urwaldsdunkel ist, da existiert auch keine Sage.

So war das Leben in der kleinen, ehemaligen Festung wohl geeignet, den nüchternen, praktischen Verstand auszubilden, eine vielfältig verzweigte Kleinindustrie großzuziehen und die Interessen in das Gleis einer Jahr für Jahr gleich beschwerlich bleibenden Feldwirtschaft zu bannen. Aber hinter den engen Mauern, weiten Tennen und nüchternen Hauptbüchern war für die Phantasie kein Platz. Man hat wohl auch im kleinen Gemeinwesen Interesse an öffentlichen Angelegenheiten, man beschäftigt sich neben der Politik auch gerne mit den Erinnerungen aus der eigenen Geschichte. Weil jedoch alles mit Urkunden zu belegen ist, so bleibt keine Lücke, deren die dichtende Sage sich zu bemächtigen vermag. Wäre der Boden, auf dem die Stadt steht, von frühesten Zeiten an ein frei gewählter, an dem gewissermaßen noch die Tradition der „ersten Liebe“ haftet, dann würde wahrscheinlich Neuenrade so reich an Sagen sein wie irgendein Städtchen von ähnlicher Größe. Mit allen Mitteln dazu ist es nämlich versehen.

Hat es doch, um nur einiges zu erwähnen, innerhalb seines Umkreises ein altes Schloss der Grafen von der Mark gehabt. Es war mit Gräben umgeben, und nach dem heute noch vorhandenen Schlossplatz zu schließen, muss es eine stolze Burg gewesen sein. Aber man weiß, wann es gebaut wurde, wie oft es abgebrannt und wann es zerfallen ist. Und langweilige Akten über Gerichtsverhandlungen, Verträge usw. weisen, in hohen Stapeln aufgeschichtet, fast Jahr für Jahr nach, welcher Droste oder Richter da gehaust hat, und – dass es bei allen menschlich zugegangen ist. Der schwache Ansatz einer Sage von einem unterirdischen Gang, der unter dem Schlossgraben hergeführt und in der Eulengasse gemündet haben soll, erstickte im Keim an seiner eigenen Torheit. – Da war ferner in der nördlichen Ringmauer eine Mönchspforte, welche die Prämonstratensermönche aus Scheda, die in alten Zeiten von Berentrop kamen, um den Gottesdienst in Neuenrade abzuhalten, sich zu größerer Bequemlichkeit ausbedungen hatten. Aber man wusste zu genau, warum und wann die Pforte angelegt worden war, als dass sich um den dunklen Torweg der Efeu der Sage hätte ranken können. – Da stand ferner ehemals am Rathaus der *Koak*, der Pranger, mit seinen drei Halseisen für Verbrecher von verschiedener Größe. Dahinter war der Drehkäfig, in dem man die schlimmsten Frevler zu züchtigen pflegte. Dessen Drehscheibe wurde noch vor fünfzig Jahren von den Kindern bei ihren Räuberspielen benutzt. Aber wenn anderswo so manche rührende Sage an dieses Martergerät sich geknüpft haben würde, hier war es unmöglich. Denn genau protokolliert stand alles in den Akten, wann und wofür und wer da gebüßt hatte.

Beinahe der einzige Scherz, den sich das Volk erlaubte, war der, dass es das finstere Loch im alten Rathaus, in das man die Verbrecher zu werfen pflegte, das „*Speckkämmerchen*“ nannte, nicht weil sie dort fett gemacht, sondern weil sie dort im qualmenden Gemach geräuchert und bei Brot und Wasser ausgedörrt wurden. Aber auch diese Erfindung ist nicht originell, da bereits in einer Urkunde aus dem Jahre 1324 das Gefängnis in Arnsberg „die Fettkammer“ genannt wird, und die gleiche Benennung ist in Hemer, Elsey und an vielen anderen Orten üblich. Die einzigen Anklänge an Sagen waren ein paar überaus nüchterne Gespenstergeschichten von einem Ermordeten, der blutüberströmt, mit dem Kopf unter seinem Arm umgehen soll, und von einem Poltergeist in einem alten, zerfallenen Haus am breiten Teich, den die aus dem „Kölnischen“ herbeigeholten Jesuitenpatres endlich dadurch vertrieben, dass sie den Hausgenossen rieten, die Türen umzuhängen, damit der Geist den Eingang nicht mehr fände. So liegt also inmitten eines Landes, das reich an Überlieferungen ist, Neuenrade – mit allen Mitteln zu reichem Sagenschmuck versehen – dennoch sagenlos vor uns. Anders sieht es in der Umgebung aus, wie die folgenden Geschichten zeigen.

Der Teufel im Henckengraben

Von Werdohl nach Neuenrade führt in schön gewundenen Serpentinen eine noch ziemlich neue Chaussee die steile Berghöhe hinan und erschließt dem Wanderer eine Fülle stets wechselnder, aber immer reizvollerer Aussichten in die betriebsame Taltiefe. Hat man die Haupthöhe erreicht, einige Minuten unterhalb der Wilhelmshöhe, so sieht man zur Rechten einen Fahrweg auf diese Hauptstraße münden, dessen tief ausgefahrene Rinnen von fleißiger Benutzung zeugen. Dieser geht noch höher den Berg hinauf und endet in einem seit langen, langen Jahren betriebenen Steinbruch, dem *Henckengraben.* Hoch oben am Gipfel liegt dieses Bergwerk in der schweigenden Waldeinsamkeit wie ein riesiger Adlerhorst, von dem aus der Blick weit über Berge und Täler schweift. Die Stelle ist gewissermaßen ein Stück Sauerländer Alpenwelt. Der weite Ausblick über die unterschiedlich geformten Bergkuppen hat etwas Großartiges. Wenn dann Dunst die Gipfel umweht und der Sturm über den Nebel fährt wie über ein wogendes Meer, das an grünen Klippen brandet, dann hat der Anblick etwas geheimnisvoll Unheimliches. Kein Wunder, dass da droben der Volksglaube seine Spukgestalten wandern lässt. Auf den Bergeshöhen, auf welchen der religiöse Glaube sich den himmlischen Geistern verbundener fühlt, empfindet sich der Aberglaube nämlich den verderbenbringenden Erdgeistern näher. Manch altes Märchen umgibt diese weltverlorene Höhe, aber durch alle zieht sich etwas Unheimliches hindurch.

Da wird uns erzählt von Kindern, die dort oben, Beeren suchend, auf einmal eine Anzahl kleiner, weißer Mäuse der Erde entsteigen sahen. Die zierlichen Tiere spielten anfangs zur großen Ergötzung der Kleinen munter um sie herum. Auf einmal aber fingen sie an, zusehends größer zu werden. Zuerst wurden sie wie Hunde, dann wie Kälber, schließlich wie Bären, so dass die Kinder zitternd und bebend vor Angst alle Gebete hersagten, welche die fromme Mutter sie gelehrt hatte. Und siehe da. – Als sie die kleinen Hände falteten, da verloren die bösen Geister ihre Macht. Sie wurden kleiner und kleiner, und waren zuletzt nur wieder weiße Mäuse, die eilig in ihre Löcher unter alten, faulen Wurzeln zurückhuschten.

Da wird uns erzählt von einer armen Verführten, die, als sie die Geburtsstunde herannahen fühlte, begleitet von ihrer treuen Schwester, sich in diese grauenvolle Einöde flüchtete und dort ein Kind gebar. Als sie nun so dalag im feuchten Gras, da kamen ihr allerlei wüste Gedanken, und riesengroß und zentnerschwer fiel ihre Schmach ihr auf die Seele und drohte sie wahnsinnig zu machen. Da ließen sich auf einmal auf einer nahestehenden Buche ein Rabe, und nicht weit davon auf einer Eiche, eine weiße Taube nieder. – Vertreter des Guten und des Bösen.

Der Rabe krächzte ihr zu: „*Knick es! Knick es! Töte das Kind, und Du bist von deiner Last befreit, und deine Schande sieht man dir nicht mehr an*“. Die Taube aber girrte: „*Laß leben! Laß leben!*“ Die verzweifelte Mutter stritt einen heißen Kampf. Auf der einen Seite lockte die Freiheit, aber eine schuldbeladene Ungebundenheit, und sie fühlte, dass der nagende Wurm der Gewissensqualen in ihr nicht sterben würde. Auf der anderen Seite gebot die Pflicht, die Schande der verlorenen Unschuld demütig und reuig zu tragen. Heiße Tränenströme flossen aus den Augen der Unglücklichen. Da nahm die Schwester, die mit ihr fühlte, das Kind, legte es ihr in den Arm und wiederholte: „Laß leben, Lass leben!“ Und nun fiel auch eine Muttertränе auf des Kindes Angesicht, und der Mutterarm umfasste es leise und lind, und die Unglückliche sagte: „Ja, ich will lieber alle Schmach tragen als den Fluch!“

Im selben Augenblick verschwand der Rabe unter einem gewaltigen Donnerschlag. Die weiße Taube aber flog nieder und streifte mit ihren Fittichen die weinenden Augen der Mutter, als wollte sie ihr tröstend verkünden, dass es noch eine Vergebung gebe für reuige Herzen.

Solche und ähnliche Sagen umgeben die unheimlichen Höhe im Henckengraben. Einmal aber ist auch hier der sonst in den Sagen rings um die Lenne nur selten vorkommende Teufel persönlich erschienen.

Es war, so erzählt man, im dritten Drittel des vorigen Jahrhunderts, da lebte in Neuenrade ein Besenbinder, der mit fleißiger Hand sich und sein Weib, wenn auch nicht glänzend, so doch ausreichend ernährte. Nur eins fehlte den beiden: Sie waren jahrelang schon verheiratet, aber ein Kind wollte sich noch immer nicht einstellen. Und das trübte den Himmel ihres ehelichen Glückes dermaßen, dass Friede und Zufriedenheit aus ihrem Hause wichen. Die Frau wurde eine böse Xanthippe, und der Mann war auf dem besten Wege, nicht bloß ein melancholischer Kopfhänger zu werden, sondern auch seinen Kummer im Glas zu ertränken. Eines Tages ging er nach einer schlimmen ehelichen Szene ganz betrübt in den Berg, um sich Reiser für seine Arbeit zu suchen. Über seinen schweren Gedanken vergaß er ganz, auf den Weg zu achten, und kam, ohne es zu merken, in den unheimlichen Steinbruch im Henckengraben. Hier, in der stillen Einsamkeit, warf er sich auf den Boden und grübelte mit Tränen in den Augen über sein verlorenes Glück nach. Da stand auf einmal vor ihm ein fein gekleideter Herr. Es war der Teufel, aber man sah es ihm nicht an, dass er es war.

Als unser Besenbinder den feinen Herrn erblickte, sprang er ganz erschrocken auf, drehte sich um und machte sich an der nächsten Birke zu schaffen, um sein verstörtes Gesicht nicht sehen zu lassen. Doch der Herr hatte es schon bemerkt, wandte sich mit teilnehmender Frage an ihn, ob ihm etwas fehle, und ermunterte ihn, ihm seinen Kummer zu klagen. Vielleicht wisse er ja Rat für seine Not. Über dem freundlichen Zureden ging dem betrübten Mann das Herz auf und der Mund über. Und als er nun dem Herren all sein Leid geklagt hatte, da sagte ihm dieser: „Du meinst also, es wäre ein Kind, das euch zu eurem Glück fehlt. Wenn es nicht mehr ist, das soll dir werden. Heute übers Jahr wirst du ein Kind in deinem Arm wiegen. Eine Bedingung knüpfe ich indes an diese Gabe. Wenn zum vierzehnten Male dieser heutige Tag wiederkehrt, dann musst du um eben diese Stunde dein Kind hierher an eben diese Stelle bringen und es mir überlassen.“ Das schien dem Besenbinder allerdings verfänglich zu sein. Indes, in seiner Freude über die ihm eröffnete Aussicht hätte er alles versprochen. Er reichte deshalb gern dem feinen Herrn seine Hand zur Bekräftigung, dass er sein Versprechen halten werde. Und doppelt so gern tat er es, weil es ihm in diesem Augenblick schien, als wolle der Herr später für die Zukunft seines Kindes sorgen. Und als ihm der Mann noch obendrein verhieß, jedes Jahr, so oft dieser Tag wiederkehre, um eben diese Stunde unter der Wurzel der alten Buche dort drüben eine Gabe für sein Kind niederzulegen, wer hätte da froher sein können als unser Besenbinder? Aber als er sich nun bei dem guten, reichen Herrn bedanken wollte, war dieser verschwunden, als hätte er sich in Luft aufgelöst. Nirgends fand sich eine Spur von ihm.

Das ernüchterte den Mann ein wenig. Ja, er begann fast zu glauben, es habe irgendein boshafter Spaßvogel ihn zum Besten gehalten, und er beschloss, von dieser Begegnung niemandem, am wenigsten seiner ohnedies gern spottenden Gattin, etwas zu erzählen. Doch als nun genau nach einem Jahr seine Frau einen gesunden Knaben gebar, dessen erster Schrei seiner Familie Frieden brachte, da änderte er seine Ansicht gewaltig, dachte überaus hoch von dem fremden Herrn und ging sogar zur festgesetzten Stunde in den Henckengraben, um nachzusehen, ob der Mann auch den anderen Teil seines Versprechens gehalten hatte. Und siehe da – unter der alten Buche lag ein glänzender Dukaten, den er gleichsam als ein Patengeschenk des Fremden dankbar einsteckte, und der ihm bei dem Zuwachs seiner Sippe sehr gelegen kam.

Der Knabe wuchs und gedieh nun vortrefflich, und jedes Mal fand sich am Jahrestag jener denkwürdigen Stunde ein Geschenk des Fremden unter der Buche, nur dass mit der Zahl der Jahre auch die Zahl der Dukaten wuchs. Und doch, wie sehr der Mann sich auch jedes Mal freute über das schöne, blanke Gold, und wie gut er es gebrauchen konnte, da ihm seine Gattin hernach noch zwei Mägdlein gebar, so musste er doch immer wieder mit Schrecken an sein leichtsinniges Versprechen denken, und dass er seinen einzigen Sohn, den Liebling aller, bei der vierzehnten Wiederkehr des Jahrestages dem Fremden abgeben müsse. Je näher der Tag kam, desto unruhiger wurde er. Ein Grauen vor dem Fremden befiel ihn, über das er sich keine Rechenschaft geben konnte. Was wollte der denn mit dem Knaben tun? Unbestimmt genug hatte seine Forderung gelautet …

Ach, wenn er ihn vielleicht weit in die Ferne mit sich führte! Wenn vielleicht Vater und Mutter ihn nie wiedersehen sollten! Das hätte sein Vaterherz nie ertragen. – Und nun kam ihm auch der Fremde selbst so unheimlich vor. Er erinnerte sich, wie jener damals so plötzlich vor ihm aufgetaucht und ebenso unvermittelt wieder verschwunden war, so dass er nirgends eine Spur von ihm gefunden hatte. Und dann diese geheimnisvollen Gaben, die immer in der Waldeinsamkeit an dem verrufenen Ort lagen. Die Sache dünkte ihm, nicht geheuer zu sein. Er begann voll schwerer Ahnungen, bösen Geisterspuk zu wittern. Und das drückte ihm schier das Herz ab. Und das umso mehr, wenn er daran dachte, was wohl sein Weib, vor dem er bis dahin sorgsam sein Geheimnis gehütet hatte, sagen würde, wenn nun auf einmal ihr Liebling verschwunden sei. Mehr als einmal machte er deshalb einen Anlauf, ihr alles zu offenbaren, aber immer wieder fehlte ihm der Mut dazu. Er schlich schließlich ganz verfallen wie ein Schatten umher, und die freundlichen Worte der Gattin und die Liebkosungen des Sohnes vergrößerten nur seine Last.

Endlich fasste er sich ein Herz. Er ging zu dem damaligen Pastor Wollenweber und bekannte ihm all seinen Kummer. Kaum hatte er alles gebeichtet, da sagte der scharfsichtige Seelenhirte: „Hör, Fritz, der fremde Herr, dem du deinen Sohn versprochen hast, war niemand anders als der Teufel. Ich habe schon lange gemerkt, dass er meine Herde umschleicht wie ein Wolf den Schafstall." Als das sein Seelsorger sagte, da fiel es unserem Besenbinder wie Schuppen von den Augen. Seine geheimen Ahnungen sah er bestätigt, und ein furchtbarer Schrecken bemächtigte sich seiner. Tränen stürzten ihm aus den Augen, und er gebärdete sich wie ein Verzweifelter. Doch da tröstete ihn der Pastor und versprach ihm, mit Gottes Hilfe den Teufel zu bannen, so dass er seinem Sohn nichts anhaben könne. Er wolle selber zur bestimmten Zeit mitgehen zum Henckengraben. Da beruhigte der Besenbinder sich wieder ein wenig, wenn auch der Zweifel fröhliche Hoffnungen noch nicht aufkommen ließ.

Als nun der Tag kam, an dem der Knabe abgeliefert werden sollte, da holten der Besenbinder und sein Sohn den Pastor ab, und die drei gingen miteinander in den unheimlichen Wald. Als sie dort ankamen, zog der Geistliche einen großen Kreis auf die Erde, legte rings umher auf Zettel geschriebene Bibelsprüche, hieß den Knaben in den Zirkel zu treten und verbot ihm, egal, was auch geschehen möge, wenn ihm sein Leben und seine Seligkeit lieb seien, aus dem Papierkreis herauszugehen. Kaum war er damit fertig, da stand auch schon, wie aus der Erde hervorgezaubert, der fremde Herr da. „Ist das dein Sohn?“, fragte er den Besenbinder. „Ja, Herr“, antwortete der, „aber lasst ihn mir! Ich kann ihn Euch nicht geben.“ „Unmöglich“, erwiderte der Andere, „Versprochenes muss man halten, wie ich es auch getan habe.“ „Nun, dann nehmt ihn“, sagte der von seinem Pastor instruierte Besenbinder. Da ging der Herr auf den Knaben los. Aber als er die Bibelsprüche sah, fuhr ihm sichtlich ein Zittern über die Haut, und er wich zurück, als hätte ihn eine Natter gebissen. „Nimm die Blätter fort“, befahl er. „Herr, tut es selbst“, lautete die Antwort, „davon habe ich Euch nichts versprochen.“ „Nimm sie fort“, rief jener immer lauter und fing an zu toben und zu lärmen, so dass man keinen Zweifel mehr haben konnte, wer der Fremde war.

Da trat auch der Pfarrer hervor und hielt dem Herrn Teufel einen Sermon, kräftig und derb, gespickt mit den besten und seltensten Schimpfworten. Er fing auch an, mit ihm zu diskutieren über das, was in diesem Fall rechtens sei, bewies ihm, dass man dem Teufel sein Wort nicht zu halten brauchte, und das alles mit solch feiner Disputierkunst nach allen Regeln geistlicher Beredsamkeit. Aber an dem Diener der Kirche wagte der Teufel sich nicht zu vergreifen, sondern schrie nur, je mehr er sah, dass hier ein Komplott gegen ihn vorlag, umso lauter: „Nehmt die Papierfetzen fort!“ Der Pfarrer ließ sich aber nicht stören, wusste noch immer etwas Neues vorzubringen und dadurch den Teufel so lange in Atem zu halten, bis die festgesetzte Stunde verstrich. Als das der Teufel merkte, fing er an zu fluchen und zu wettern. Sein feiner Anzug loderte in Flammen auf, und in seiner ganzen scheußlichen Missgestalt musste er sich wider Willen präsentieren. In diesem Augenblick aber ertönte ein furchtbarer Krach, so dass die Erde bebte und die drei Menschen, die bei dem letzten Wüten des Teufels in dem heiligen Kreis sich zusammengestellt hatten, sich nur mühsam auf den Füßen hielten. Doch als sie wieder aufsahen, war mit Hinterlassung einer dichten, blauen Wolke von Schwefeldunst und anderem höllischen Qualm der auch diesmal geprellte Teufel verschwunden.

Jubelnd schloss der Vater den geretteten Sohn in seine Arme, dankte inbrünstig dem Pfarrer, der ihm so treu beigestanden hatte, und eilte frohen Herzens wieder heim. Der Pfarrer aber nahm den beiden unterwegs das Versprechen ab, Stillschweigen über die ganze Geschichte zu bewahren und in Zukunft nicht jedem feinen, fremden Herren zu trauen, denn man könne nicht wissen, ob nicht der Teufel dahinterstecke.

Später muss einer von den dreien jedoch eine Indiskretion begangen haben, sonst könnten wir die Geschichte nicht erzählen. Und ob auch nicht alle, welche die verrufene Stelle besuchen, diese Erzählung kennen, so ist es doch, als hätten die mancherlei schaurigen Ereignisse, die an dem Orte passiert sind, ihm ihren Stempel aufgedrückt, und noch heute wohnt das Grausen in dem einsamen Waldwinkel im Henckengraben.

Der rote Hannes, oder Wotans Rache

Wie in Werdohl und in den meisten Gegenden im Lennegebiet, so gehen auch in den gebirgigen Teilen der Gemeinde Neuenrade die gespenstischen Männer ohne Kopf um. Sie sind für abergläubische Leute ein Gegenstand ganz besonderer Furcht. Und doch hat die Erfindungsgabe Mittel erdacht, um sie unschädlich zu machen. Einst hatte ein kecker Geselle mit einem anderen gewettet, er wolle ungestraft dem Kopflosen in der Hartmecke entgegentreten und sich ihm in den Weg stellen. Und richtig: Man ging an die Stelle, wo damals der Geist umzugehen pflegte. Mutig stellte sich der Bursche ihm in den Weg, und mit Schrecken sah der andere, wie der Geist riesengroß anschwoll und seinen Arm hob, um den Verwegenen zu zerschmettern. Aber in demselben Augenblick zog dieser eine schwarze Katze hervor, die er in seinem Kittel verborgen hatte, und hielt sie ihm entgegen. Da sank die Riesengestalt zusammen und knirschend, aber doch überaus kleinlaut sagte der Kopflose, indem er sich zum Umkehren anschickte: „Hättest du die schwarze Kritzekratze nicht bei dir, dann hätte ich dir deinen frechen Hals umgedreht."

Vielleicht war dies eine Anspielung auf die Macht, welche Wotans Frau Frigga über ihn ausübte. Und in der Tat, die Katze war ja ihr heiliges Tier, und in diesen Wesen pflegten die alten Götter und Göttinnen sich selber zu verkörpern. Sah also Wotan die Katze, so dachte er an Frigga, fürchtete sich und entfloh.

Wer aber solche Mittel nicht kannte oder besaß und doch den Kopflosen zu necken wagte, dessen Übermut wurde schrecklich bestraft. Manchen will man mit in den

Nacken gedrehtem Angesicht, andere zwischen den Felsen zerschmettert wiedergefunden haben. Eine ganz eigentümliche Geschichte von der wunderbaren Macht des zürnenden Kopflosen wird aus der Nähe Neuenrades erzählt.

Wenn man von Neuenrade zum Fischersberg geht, einem Gut, das im hohen Gebirge an den Ausläufern der Giebel liegt und seinen Namen nicht davon trägt, dass man dort oben Fische gefangen hat, sondern davon, dass es seinerzeit von dem sogenannten Fischersgut in Dresel abgespalten wurde, so kommt man auf der Höhe des Berges zu einer zwischen Ginster und Wacholder, Heidekraut und niedrigem Gestrüpp einsam stehenden, alten Eiche. Der Baum, weithin sichtbar, ist eine früher auf jeder Spezialkarte unter dem Namen „die Eine Eiche" genau verzeichnet gewesene Landmarke. Denn bei ihm kreuzen sich die Pfade nach Werdohl, Neuenrade, Dahle, Fischersberg, Altena etc. Solche Kreuzungspunkte vieler Wege haben von jeher im Ruf gestanden, dass es bei ihnen nicht geheuer sei. Auf ihnen geben sich die Geister ein Rendezvous. Die Kreuzwege bei der „Einen Eiche" machen dabei keine Ausnahme. Besonders aber machte der kopflose Wotan seit uralter Zeit diese Stelle unsicher. Sie ist eine Art Lieblingsplatz für ihn, denn da oben …

… braust der Sturm, und rauscht das Kraut,
und weit in die Lande das Auge schaut.

Nun diente einst auf dem Fischersberg ein Knecht, der weit und breit im Ruf besonderer Keckheit stand und sich oft anmaßte, er wolle es wohl mit dem Teufel selbst aufnehmen. Er war eben auch einer von denen, denen das Volk nachsagt: „Der hat die unrechten Pfannen auf dem Dach."[3] Man nannte ihn deshalb immer nur den „Roten Hannes". Eines Abends im Zwielicht kam Hannes, ein Bündel Ginsterbüsche auf dem Nacken, aus dem Berg und wollte gerade wieder zum Hof gehen. Als er in die Nähe der „Einen Eiche" auf die Kreuzwege kam, sah er dort ein seltsames Leben und Treiben. Hin und her bogen sich die Büsche und Zweige, und es war doch nicht der Wind, der sie bewegte. Flüsternde Stimmen drangen an sein Ohr, und er sah doch niemanden. Erst als er näher kam, huschte es wie kleine und große Schatten um ihn her. Da fiel ihm ein, was man überall im Volk von dem Geisterspuk erzählte, der an dieser Stelle sein Unwesen trieb. Und er merkte, dass er gerade recht gekommen war zu einer Geisterversammlung, die hier abgehalten wurde. Vielleicht auch, dass der Wilde Jäger, der da oben so oft durchzog, mit seinen Jagdgesellen hier gelagert hatte. Keck und dreist, wie er war, warf er sein Bündel hin und rief: „He, ihr Dinger, lasst mich mitmachen!" Schlechter hätte er aber seine Worte nicht wählen können. Schlimmer kann man die Geister nicht beleidigen, als wenn man sie „Dinger" nennt. So redet man wohl von den Hauskobolden, aber nie von den „echten Geistern", geschweige denn, dass man mit solch einer Anrede sich an sie selbst wenden darf. Die Antwort für den Roten Hannes blieb auch nicht aus.

Sein übermütiges Wort war noch nicht verhallt, da rauschte es in den Büschen, und aus dem Zwielicht trat eine große Gestalt hervor. – Ein Mann mit langem, flatterndem Mantel, aber ohne Kopf. Der ging direkt auf Hannes zu, und je näher er kam, umso größer wurde er, wie vom Winde geblähter Nebel. Unser Hannes aber war nicht furchtsam und nicht leicht aus der Fassung zu bringen, hatte auch gerade seine beste Laune und war zu

---

[3] d. h.: Er ist rothaarig.

allem Schabernack aufgelegt. Deshalb sang er dem Kopflosen ein altes Spottlied entgegen, dessen er sich aus seiner Kindheit entsann, und das man ab und zu, wenn auch selten, noch zu hören bekommt:

Waul[4] Waul, oane Kopp,
Boa hiästu dinen Kopp eloaten?
Fröchtest diäk wuol op der Stroaten,
Löppst im willen Biärg herüm,
Kik diäk üm, kik diäk üm,
Waul, Waul, oane Kopp.

Dabei schnitt er dem Gespenst die tollsten Fratzen und tanzte wie ein „ausgelassener Schäferhund“ auf dem Weg. – Hätte er es doch nicht getan! Kaum hatte er sein Lied beendet, da ging der Kopflose einen Schritt auf ihn zu, und ein langer, langer Geisterarm streckte sich nach ihm aus.

Da erst merkte der Rote Hannes, dass hier nicht gespaßt wurde. Seine tolle Laune war wie ein Rausch im kalten Sturzbad verflogen. Ein eisiger Schauer rieselte ihm über den Rücken. Es galt jetzt Leben oder Tod! Und ehe noch der Gewaltige ihn fassen konnte, hatte er sich gebückt, sein Ginsterbündel zum Schutz über den Kopf geworfen und das Hasenpanier ergriffen. Aber er kam nicht weit. „Frecher Erdenwurm!“, so rief es hinter ihm. Und eh er es sich versah, flog sein Bündel ihm vom Rücken und eine kalte Faust packte ihn am Genick, schüttelte ihn, so dass ihm alle Knochen im Leibe knackten, und sie hob ihn empor wie der Sturmwind ein dürres Blatt, höher und höher. Er dachte, dass nun sein letztes Stündlein geschlagen hätte.

---

[4] Wotan.

In solchem Augenblick versiegt auch dem ärgsten Spötter der Hohn auf den bleichen Lippen, und auch der Rote Hannes sprach in seiner Todesangst ein ungewohntes, kurzes Stoßgebet. Ihm war, als finge auf einmal der Sturm um ihn her an zu brausen und zu heulen, so wild, so schauerlich, wie er es noch nie gehört hatte. Und es riss ihn fort in rasendem Wirbel, so dass ihm die Gedanken vergingen und endlich eine bleischwere Ohnmacht seine Sinne umfing.

Erst als der Morgenstern schon am dämmernden Himmel stand, erwachte Hannes wieder aus seiner Betäubung wie aus einem wirren, wüsten Traum. Zerfetzt waren seine Kleider, zerrissen seine Haut, zerschlagen alle seine Glieder, und überall zwickte und zwackte es ihn, als bohrten sich tausend glühende Nadeln ihm ins Fleisch. Das war indes auch kein Wunder. Denn er lag fest und tief in einem dichten Dornengebüsch, und sein Ginsterbündel lag neben ihm. Als er sich endlich nach allen Richtungen hin betastet und sich vergewissert hatte, dass er außer Rissen, Schrammen und Beulen keinen Schaden erlitten hatte, versuchte er, sich mit vieler Mühe und unter großen Schmerzen aus seiner fatalen Lage zu befreien. Lange dauerte es aber, bis er sich endlich aus den Dornen herausgeklaubt hatte. Wie war er dorthin gekommen? Er wusste es nicht. Wirr spukten die Erlebnisse des gestrigen Abends in seinem Kopf durcheinander. Endlich gewann er so viel Klarheit wieder, dass er sich entsann, wie er die Geister verspottet, wie ihn des Kopflosen Riesenfaust gefasst und wie er nicht anders vermeint hatte, als dass nun sein Ende gekommen sei. So war es der furchtbare Mann ohne Kopf wohl gewesen, der zur Strafe für seine vorlaute Dreistigkeit und sein spöttisches Lied ihn in die Dornen geworfen hatte. Nun – es war gnädiger ausgegangen, als er befürchtet hatte, aber es war doch eine derbe Lektion gewesen, und er schwor sich hoch und teuer, es solle auch eine heilsame gewesen sein. Er wollte sich nie wieder um die Geister kümmern!

Als er mit diesen Gedanken fertig war, fiel es ihm schwer auf die Seele, welch ein Donnerwetter daheim über ihn als einen Nachtschwärmer und „*Hegenströper*“ hereinbrechen werde, der von seiner Arbeit weglief und sich die ganze Nacht herumtrieb. Darum nahm er alsbald mit großer Mühe und vielem Stöhnen sein Ginsterbündel auf den zerschundenen Rücken und wollte sich auf den Heimweg machen zum Fischersberg. Aber als er sich umsah, da kam ihm die Gegend so seltsam vor. Andere Berge, andere Bäume, und von der „Einen Eiche“ war nichts zu sehen. Es war ihm, als wäre er verhext. Zum Glück führte dicht an dem Dorngestrüpp ein Weg vorüber. Den schlug Hannes ganz verwirrt ein.

Als er eine Weile so fortgehumpelt war, sah er seitab ein Haus, in dem ein Licht brannte, und just öffnete sich die Tür und ein Bauer trat heraus, der frühzeitig aufs Feld wollte. „Wo bin ich hier, und wo geht der nächste Weg zum Fischersberg?“, fragte Hannes den Bauern. Verwundert schaute der ihn an. „Zum Fischersberg? Mann, bist du blöd, oder bis du der Mann aus dem Mond und bist runtergefallen mit einem gestohlenen Paket auf dem Rücken und willst nun auf der Giebel wieder hochklettern? Wir sind hier bei Rärin nahe Herscheid[5]“. „Oh, du gütiger Gott“, rief da der Rote Hannes, verdrehte seine Augen, warf sein Bündel hin, und fiel zur Erde. „Das ist ein Verrückter“, dachte der Bauer, lief schleunigst ins Haus, schloss die Tür hinter sich zu und beobachtete vom Fenster aus, was sich nun weiter begeben werde.

---

5 Rärin liegt ungefähr 2½ Stunden vom Fischersberg entfernt.

Hannes indes raffte sich nach einer Weile zur Beruhigung des Beobachters wieder auf und kroch mehr, als dass er ging, mit schlotternden Knien weiter. Unsäglich beschwerlich wurde ihm der Weg.

Gegen Mittag erst kam er wieder auf dem Fischersberg an. „Herr“, sagte er zu dem Bauern, den er vor der Tür beim Holzhacken antraf, „Herr, ich kann nicht mehr. Endlich bin ich bei Euch.“ „Was?“, antwortete ihm der. „Was willst du alter Weißkopp? Ich kenne dich nicht. Du hast wohl Fensterfliegen im Kopf und willst mich ärgern? Hau ab!“ Als das der Rote Hannes hörte, da war es mit ihm vorbei. Er sank auf einen Klotz nieder und schluchzte mehr, als dass er sprach: „Ich bin der Rote Hannes. Herr, erkennt Ihr mich nicht?“ Und dann erzählte er dem Bauern keuchend sein erschütterndes Erlebnis, das in der einen Nacht aus dem kecken, rothaarigen Burschen einen müden, greisenhaften Weißkopf gemacht hatte.

Den Bauern dauerte der arme Schelm, der es noch gar nicht fassen konnte, dass er in einen Weißkopp verwandelt sein sollte. Sein Zorn war verflogen, die dem Hannes zugedachte Strafpredigt wurde ihm erlassen, und gutmütig versuchte der Bauer, ihn zu trösten, dass solche Teufels-Tücke nicht lange vorhalten und sein schönes, rotgoldenes Haar schon wieder wachsen werde. Zugleich sagte er ihm, er solle nur bei ihm bleiben. Hier in der abgeschiedenen Einsamkeit sei er auch am sichersten vor dem Spott seiner lustigen Kameraden. Hannes aber wollte nichts davon wissen, sondern erklärte unter den höchsten Beteuerungen, er werde um keinen Preis in der Welt in der Nähe der „Einen Eiche“ bleiben und noch heute sein Bündel schnüren. Dazu kam es nun freilich nicht, da der Bauer es nicht übers Herz bringen konnte, ihn in seinem elenden Zustand ziehen zu lassen, sondern ihn förmlich zwang, wenigstens einige Tage noch bei ihm zu bleiben und sich zu pflegen. Nach acht Tagen aber ließ Hannes sich nicht mehr halten. Waren doch nun seine Schrammen und Risse wieder heil, und seine zerschundenen Glieder, zwar noch braun und blau, waren wieder in normaler Verfassung. Nur seine Haare waren und blieben weiß wie frisch gefallener Schnee. Und so zog Hannes dann fort aus der Nähe der gefährlichen Eiche und hat noch lange Jahre hernach unter dem Namen *„de witte Hannes"* in der Nähe von Hagen gelebt. Das war des kopflosen Wotans Rache, der sich nicht ungestraft necken lässt.

Schloss Gevern

Wenn man die von Neuenrade über die wellenförmige Hochebene führende Chaussee nach Balve ungefähr zwanzig Minuten weit verfolgt, dann sieht man zur Linken die rauchenden Schornsteine der Fabrik im Schönthal, und etwas weiter eine lustig klappernde Mühle. In ihrer unmittelbaren Nähe markiert ein mit Gräben eingefasster Platz die Stelle, wo ehemals die schlossähnliche Feste Gevern gestanden hat. Hier ist historischer Boden. Wir befinden uns im Mittelpunkt der vielumkämpften Geverner Mark. Nicht bloß feindliche Kriegsleute, sondern auch gegnerische Advokaten sind hier aufeinandergetroffen, und die Frage, ob mehr Blut oder mehr Tinte um diesen Fleck Erde vergossen wurden, wird von vielen sehr zu Gunsten der Juristen beantwortet. Wenigstens würde man allein mit den heute noch vorhandenen (der Großteil ist verschwunden), vergilbten Überresten der Prozessakten den alten Schlossplatz mehr als einmal pflastern können. Indes, wir haben es bei unseren Sagen nicht mit den aktenmäßigen Zeugnissen dieses modernen, juristischen Raubrittertums zu tun, sondern mit dem alten, echten und wirklichen.

Schloss Gevern soll nämlich, wie die meisten Burgen rings um die Lenne, eine Raubfeste gewesen sein. Leider existieren von ihr heute nur noch die Balken der ehemaligen Zugbrücke, welche vor einigen Jahren bei der Reinigung des Mühlengrabens gefunden wurden.

Auf der Burg hauste einst das Rittergeschlecht derer von Giebeler. Ob der Name authentisch ist, oder ob er nur die im Volke lebende Meinung ausdrückt, dass die Geverner Ritter von der Isselburg, oder Isenburg, dem vielbesungenen Raubschloss auf der Giebel, herstammten, ist unklar. Jedenfalls wird den Besitzern der Burg einstimmig nachgesagt, dass sie jenen alten Giebelern in der Ausübung des damals sehr geschätzten, wenn auch wenig schätzenswerten, ritterlichen Sports, reisende Kaufleute und schutzlose Orte auszurauben, nicht nachgestanden haben. Ganz entgegen der üblichen Praxis verschonten sie auch ihre nächsten Nachbarn nicht. Sie müssen also eine gewaltige Landplage gewesen sein. Denn man erzählt, dass sie es verstanden hätten, bis in den Anfang des 16. Jahrhunderts hinein ungestraft ihr unsauberes Gewerbe zu üben.

Eigentümlicherweise sagt man auch ihnen nach, dass sie, gerade wie die Ritter von Sundern bei Ohle, ihren Rossen die Hufeisen verkehrt hätten unterlegen lassen, um ihre Verfolger und ihre Opfer zu täuschen. Hier aber beweist die dichtende Sage mit dieser immer wiederholten Nachrede entweder, dass ihre Phantasie sehr dürftig ist, oder dass jene alten Zeiten an beispielloser Naivität gelitten haben müssen.

Die Ritter von Gevern also wussten vielleicht kein klügeres Mittel, als das genannte, und die Kaufleute auf der Straße und die Bauern von Küntrop und Affeln, die sich dadurch täuschen ließen, waren nicht schlau genug, um sie zur Erfindung eines listigeren zu zwingen. Die letzteren aber haben sich auf ihre Weise an ihren Unterdrückern zu rächen gewusst. Raubten ihnen die Geverner hier und da das Vieh von der Weide und das Korn aus der Scheuer und erdachten immer neue Frondienste, die sie ihnen mit eiserner Faust auf den Nacken legten, so vergnügten sich die Bauern damit, durch Beraubung der wohlgepflegten Obstgärten des Hauses Gevern Wiedergutmachung zu üben. Die ritterlichen Pflaumen, Äpfel und Birnen, damals zwischen den rauhen Bergen noch eine große Seltenheit, wanderten zum Großteil zu ihnen hinüber. Und das erzürnte die Ritter sehr, da sie großen Wert auf ihre Anpflanzungen legten. Wehe dem, den sie bei solchem Baumfrevel trafen. Manch ein Exempel wurde statuiert! Aber die Katze lässt das Mausen nicht, und Rache, namentlich in solch genießbarer Form, ist süß. Besonders die Küntroper ließen sich so leicht nicht abschrecken und sollen sogar einmal eine blutige Fehde mit dem Ritter wegen eines geplünderten Apfelbaumes geführt haben. Waghalsige Orts-Etymologen behaupten deshalb, diese Apfelbaumkühnheit habe der damals noch namenlosen Niederlassung den ehrenvollen Namen *Küntrop*, das heißt „Kühndorf“, eingebracht.[*)]

So wie nun aber alle Dinge auf Erden einmal ein Ende nehmen, so ging es auch mit den Raubrittern von Gevern. Die Gerechtigkeit der Sage leidet es aber nicht, dass

---

*) Küntrop bedeutet „Kuhdorf“, wie Rentrop „Rehdorf“, Ostrup „Ochsendorf“, Herscheid „Hirschheide“ etc. Unsere Vorfahren liebten es sehr, ihre Niederlassungen nach dem zu benennen, was ihren Hauptreichtum ausmachte.

sie ein natürliches Ende fanden. Der letzte von den Giebelern, der auf Schloss Gevern wohnte, war vielleicht nicht der schlimmste seines Geschlechts. Aber wie einerseits immer wiederholte Freveltaten die Gewitterwolke der ausgleichenden Gerechtigkeit über dem Haupt des Schuldigen sammeln, bis auf einmal ein zündender Strahl vernichtend herniederfährt, so ist es andererseits eine Tatsache, dass eine Erbfeindschaft, unterhalten durch größere und kleinere Vorkommnisse, je länger sie währt, umso heftiger wird. Schließlich bedarf es wie bei einem Berg glühender Schlacken nur eines leisen Luftzuges, um eine helle Flamme auflodern zu lassen. Solch ein Anfachen blieb auch nicht aus. Lag es doch schon in der Zeitströmung des Reformationszeitalters, dass die Unterdrückten sich auflehnten gegen ihre Tyrannen. Wie die Städte sich zusammenschlossen, um ihren Handel zu schützen, wie die Fürsten sich anschickten, um den anmaßenden Übergriffen des Raubadels zu wehren, so rafften sich auch die vielbedrückten Bauern auf, um die Ketten der Leibeigenschaft zu zerreißen. Und wenn es in unseren Gegenden auch nicht zu einem eigentlichen Bauernkrieg kam, so blieben doch vereinzelte Aufstände nicht aus. – Zu lange schon hatten von Geschlecht zu Geschlecht hohnlachende Gewalttaten den Hass geschürt. Und um ein Pulverfass zur Explosion zu bringen, braucht man kein mächtiges Feuer anzuzünden, sondern nur einen einzelnen Funken hineinzuwerfen.

Wir wissen nicht, welcher Anlass die Gemüter gegen den Ritter auf Gevern erregt hatte, aber plötzlich kam es zum Ausbruch. Die Küntroper und Affeler Bauern, verstärkt, vielleicht auch angeführt durch Adlige der Umgebung, taten sich zusammen, um die Raubfeste zu stürmen. Eine Weile hielt sich das wohlbefestigte Schloss. Der Ritter und seine Knechte wehrten sich tapfer. Endlich aber gelang es der vereinigten Kraft der Stürmenden, die Tore zu sprengen. Jubelnd und mit wildem Triumphgeschrei drangen sie ein. Die Knechte mussten alle über die Klinge springen. Den Ritter aber, der aus vielen Wunden blutete, wollte man nach dem grausamen Brauch der damaligen Zeit zu einem besonders qualvollen Tod aufsparen. Darum band man seine zerschlagenen und blutigen Glieder einstweilen mit festen Stricken und widmete sich der Plünderung des Schlosses.

Nun hatte aber der Ritter eine edle, großherzige Gemahlin, die mit doppelten Wohltaten die Frevel ihres Gatten zu sühnen pflegte. Und so verhasst der Ritter war, so beliebt war seine Gattin, auf deren Schritt die Armen und Kranken lauschten und deren milde Hand ihre Tränen trocknete. Wie roh und wüst daher auch die eingedrungene Horde war, als die Edelfrau in ihre Mitte trat, da legte sich der Sturm. Man bewilligte ihr freien Abzug und gab ihr die Erlaubnis, soviel von ihren liebsten Kleinodien mitzunehmen, wie sie in ihrer Schürze tragen könne. Aber was galten ihr jetzt aller Schmuck und alle Schätze! Ihr Herz hing mit ganzer Liebe an dem gefesselten und blutenden Gatten. Was wäre ihr das Leben gewesen ohne ihn? Ja, wie hätte sie leben können, belastet mit der zerschmetternden Erinnerung, dass sie es habe übers Herz bringen können, frei wegzugehen, während man sich anschickte, ihn zu Tode zu martern. Und siehe da – die Liebe macht mutig und stark. Kurzentschlossen schritt die Edelfrau auf ihren Gatten zu, nahm dem am nächsten Stehenden den Dolch aus der Hand, löste mit raschen Schnitten die fesselnden Stricke, und ehe sich's die verblüfft dreinschauenden Bauern versahen, hatte sie mit starker Hand den Gatten in ihre Schürze genommen und schritt mit ihm hinaus aus dem Tor der Burg. Und so groß war der Eindruck, den diese

Tat treuer Liebe auf die rohen Gemüter machte, dass nicht nur keiner es wagte, die edle Frau aufzuhalten, sondern mancher auch in unwillkürlicher Ehrfurcht seine Waffe vor ihr senkte.

Im Grunde waren die Eroberer übrigens selber froh, dass des Ritters Leben geschont blieb. Sonst wären einer schweren Strafe nicht entgangen. Sie begnügten sich deshalb damit, ihren alten, aufgesparten Zorn an den Schlossmauern auszulassen, die sie in unglaublich kurzer Zeit niederrissen und dem Erdboden gleichmachten. Die Schätze aber, die sie bei der Plünderung und beim Abbruch fanden, beschlossen sie, unter sich zu teilen. Doch weil sie kein eigentliches Oberhaupt hatten, dessen Anordnungen sich jeder willig fügte, so wollte jeder Einzelne mehr haben als der andere, und hielt sich dem anderen gegenüber für benachteiligt. Und schließlich erhob sich über die Beute ein solcher Streit, dass es zu einem blutigen Handgemenge kam. Endlich gelang es einem alten, weißhäuptigen Bauern, die Streitenden zu trennen und einen Vergleich anzubahnen. Die wertvollen silbernen und goldenen Gefäße und Geräte des Schlosses sollten keinem zuteil werden, sondern an der tiefsten Stelle des Schlossgrabens auf ewige Zeiten versenkt werden. Und so ist es auch der Sage nach geschehen. Die Bauern aber sind in den Unruhen jener Zeiten, unter dem Eindruck der bald danach über die ganze Gegend hereinbrechenden Pest, und weil sie auch nur die Knechte der sie begleitenden oder führenden Adeligen gewesen zu sein scheinen, frei ausgegangen. Später haben sie aus den Steinen des alten Schlosses sich neue Häuser gebaut, so dass man auch bei genauerer Untersuchung durch Spaten und Hacke heute schwerlich mehr als ein vereinzeltes Stück Grundmauer finden würde.

Doch kehren wir zurück zur tapferen Gemahlin des Ritters von Gevern. Selbstverständlich vermochte sie nicht, ihre Last weit zu tragen. Als sie darum sah, dass die Feinde ehrlich genug waren, ihr gegebenes Wort zu halten, ließ sie den wunden Gatten sacht aus ihrer Schürze gleiten und schleppte sich mit ihm, so schnell es ging, nach Neuenrade. Hinter den festen Mauern und bei den mitleidigen Bürgern fanden beide eine sichere und angenehme Zuflucht. Hier beschlossen sie auch ihre Tage, nachdem sie noch vorher feierlich in der alten Kapelle, die der Graf Engelbert von der Mark im Jahr 1366 hatte bauen lassen, den evangelischen Glauben angenommen hatten, dem die Bürgerschaft fast ohne Ausnahme anhing. Auf ihrem Sterbebett aber vermachten sie aus Dankbarkeit der Stadt Neuenrade einen großen Teil ihres Grundbesitzes in der Geverner Mark.

Leider war es aber ein Danaergeschenk. Schon bald nach dem Tod der beiden erhoben nämlich die Küntroper Widerspruch gegen diese Schenkung. Während die Neuenrader ihr Erbrecht geltend machten, so beanspruchten sie selbst den Besitz kraft des Rechtes der Eroberung, oder eigentlich Zurückeroberung, da er ihnen früher geraubt worden sei. Doch wurde damals der Streit noch beigelegt. Später, als die Verhältnisse verworrener und die Rechtsgrundlage nicht klarer geworden war, begannen die Dispute aufs Neue und lieferten den beiderseitigen Advokaten manchen fetten Bissen.

Die silberne Wiege von Gevern

Als die Burg Gevern gestürmt und geplündert wurde, da hatten die Eroberer, nachdem sie über die Verteilung der Beute in ein blutiges Handgemenge geraten waren, sich schließlich dahin geeinigt, die silbernen und goldenen Gefäße und Geräte keinem zuteilwerden zu lassen, sondern sie an der tiefsten Stelle des Schlossgrabens zu versenken. Nicht bloß die Verteilung wäre ohne Benachteiligung des Einzelnen schwer durchzuführen gewesen, sondern es schien auch ihr Besitz nichts Verlockendes zu haben, weil es Raubgut war, auf dem kein Segen ruhte. Als nun die besagte Prozedur vorgenommen werden sollte, da nahm man eigentümlicherweise in Ermangelung eines besser passenden Geschirrs, eines Korbes oder Sacks, nichts geringeres als die Wiege, in der einst die neugeborenen Raubritter das bewegte Leben kennengelernt hatten. In diese Wiege packten die Bauern sorgsam das köstliche Gut, breiteten ein Tuch aus dem ritterlichen Bett darüber, banden seine Zipfel zusammen und ließen dann die Schatzkammer hinunter in die schwarze Flut.

Alsbald versank auch die Wiege in dem schlammigen Grund und sank tiefer und tiefer, bis dass sie in die Region der tief unten waltenden Schatzgeister kam. Die nahmen sie in Empfang und hüteten sie seitdem. Als darum später etliche der Küntroper, die es hernach mächtig wurmte, dass solche Schätze nutzlos verkommen sollten, danach suchten, haben sie vergeblich den ganzen Weiher abgefischt. Übernatürlich behütete Schätze kann man selbstverständlich nicht auf natürlichem, sondern nur auf übersinnlichem Weg heben.

Es ist dies übrigens die zweite Wiege mit Schätzen, die in den Bergen rings um die Lenne liegt. Die andere, die goldene Wiege, ruht oben auf der Giebel. Sie ist dort, wo ehemals die Isenburg gestanden hat, von der die Giebelers von Gevern abstammten. Als die Raubburg da droben zerstört oder von göttlichem Strafgericht getroffen wurde, da war auch dort das zusammengeraubte edle

Metall des Schlosses – diesmal lauter goldene Gefäße – in einer Wiege in die Tiefe eines Sumpfes gesunken. Noch heute hebt er sich von dem bräunlich-violetten Heidekraut der Giebel als grüner Fleck ab, und mehr als einmal versuchten findige Bewohner Dahles, den versunkenen Hort aus seiner Tiefe zu holen. Möglicherweise war die Sage von der einen Wiege der Ursprung der Legende von der anderen.

Während also droben auf der Giebel die versunkene Wiege voller Gold den Untergang des Rittergeschlechts von der Isenburg verkündete, zeigte die Wiege voll Silber drunten in Gevern den Untergang der stammverwandten Familie der Giebeler an. Nach dieser Silberwiege nun hat aber nicht bloß die natürliche Weisheit mit langen Stangen, sondern auch die geistliche Weisheit mit übernatürlichen Künsten gesucht. Und begreiflicherweise war ein alter Schäfer der Anwender dieser geheimen Methode. Schafhirten stehen ja überall im Ruf eines Wissens, das anderen Menschen meist versagt ist. In der Volksmeinung haben sie durch ihren beständigen Aufenthalt in Feld und Heide gewissermaßen einen sechsten Sinn für die unzweifelhaft aus der vierten Dimension in unser schwerfälliges Dasein hineinragende Geisterwelt erworben. Erschließen sich doch auch die Geheimnisse der Natur nicht dem gelegentlichen Beschauer, sondern nur ihrem Liebhaber, der ständig in und mit ihr lebt.

Unser Schäfer nun, welcher in der Nähe von Gevern häufig seine Herde weidete, hatte von dem versenkten Schatz gehört und aus der Tatsache, dass noch niemand ihn hatte heben können, geschlossen, dass er ein „versunkener“ geworden sei. Darum legte er sich sorgfältig aufs Spekulieren, ob er nicht den hütenden Schatzgeistern das Geheimnis ablauschen könne, wann sie ihre Kostbarkeiten zum Ablüften aus der Tiefe zu heben gewohnt seien. Denn die Geister da unten haben es gerne sauber in ihren Schatzkammern, und sie wohnen wahrscheinlich deshalb so tief, weil sie den Staub der Oberwelt, der alles Glänzende blind macht, nicht ertragen können. Daher tragen sie denn auch von Zeit zu Zeit, an stillen, staubfreien Tagen, ihre Schätze in die Mittagssonne oder in den Vollmond, entweder zu Weihnachten oder zu Karfreitag, zu Ostern, zu Johanni etc. Dem Schäfer gelang es endlich auch, zu erkunden, dass die Geister bei Gevern ihre Schätze in den Vollmond zwischen Ostern und Pfingsten hinauszutragen gewohnt waren. Wie er zu dieser Wissenschaft kam, darüber haben sich keine genauere Nachrichten erhalten. Genug, es gelang ihm, und begreiflicherweise wartete er voll Ungeduld auf die Wiederkehr des Vollmonds.

Als nun in der nächsten nachösterlichen Zeit die Sichel des Mondes anfing, sich zu runden, hielt er sich mit seiner Herde stets in der Nähe der Geverner Mark auf, und es schien ihm, als habe er den Mond noch nie so langsam zunehmen gesehen. Endlich erschien des Vollmondes lachendes Angesicht. Die Nacht war klar und glückverheißend. Da ließ der Schäfer seine Herde unter der Obhut des treuen Hundes auf der nächsten Wiese und schlich sich um Mitternacht zum Schlossgraben. Und richtig, er hatte sich nicht verrechnet! Schon von weitem glänzte und leuchtete es aus der Flut. Das silberne Geschmeide schwamm in der seltsam geformten Wiege wie in einem Nachen auf dem dunklen Wasser und überstrahlte fast des Mondes Silberlicht. Da war der Schäfer nicht mehr zu halten. Eine alte Beschwörungsformel, den Christophorussegen, murmelnd, hakte er seinen ungewöhnlich langen Schäferstab in den Rand der Wiege und zog den auf dem Wasser scheinbar frei schwimmenden Schatz zu sich herüber.

Aber die wachsamen Geister lassen sich ihre Schätze nicht gerne nehmen und am wenigsten mit solch leichter Mühe. Mal zwingen sie den frechen Räuber, mit ihnen zu kämpfen, mal verlangen sie zuvor von ihm ein schwieriges Kunststück, und wenn sie weniger hitzigen Temperaments sind, versuchen sie wenigstens durch allerlei Trugbilder, den Schatzgräber zu verscheuchen oder seine Gedanken und Blicke von dem Schatz abzuwenden. Zu diesen sanfteren Geistern gehörten auch, wie fast alle Schatzgeister in unseren Bergen, die Geister zu Gevern. Sie begnügten sich, dem klugen Schäfer zu zeigen, dass sie noch klüger waren als er, und er musste die bittere Erfahrung machen, dass „zwischen Lipp' und Bechers Rand schwebt des Schicksals rauhe Hand".

Schon hat er die Wiege beinahe ans Ufer gezogen, da ruft auf einmal eine Stimme hinter ihm: „Ho! ho! Die Schafe sind in der Hafer." Unwillkürlich lässt der Schäfer seinen Stab etwas locker und vollführt in seinem Pflichtgefühl eine halbe Drehung nach links. In diesem Augenblick ruckt die Wiege auf einmal, sein Stab rutscht ab, und ehe er noch zur vollen Besinnung kommt und den Stab wieder einhaken kann, sinkt sie vor seinen Augen blitzschnell mit ihrem leuchtenden Inhalt in die Tiefe, so dass die Wasser klatschend darüber zusammenschlagen.

Wie versteinert stand der Schäfer da, und es war ihm, als höre er ein Kichern und Hohnlachen bald aus dem Wasser, bald vom Ufer her, bald vor, bald hinter sich, als tanzte eine ganze Geisterschar um ihn herum und wollte ihn verspotten. Da graute es ihm. Schleunigst ergriff er seinen Stab wieder, eilte mit langen Schritten zu seiner

Herde zurück und mied seitdem, so gut er konnte, den Ort, wo die Geister es ihm gezeigt hatten, dass sie auch einen klugen Schäfer dermaßen übertölpeln können, dass er mehr wie ein Schaf dastehen muss als wie ein Hirte. So ist denn auch dieser Schatz noch zu haben, und wer sich klüger dünkt, als es der alte Schäfer war, und vor dem Raubgut mit all dem Frevel und dem Blut, die daran kleben, nicht scheut, der mag versuchen, ihn zu heben.

Aus einem alten Aktenbündel

Wir leben, so sagt man, im papierenen Zeitalter. Und in der Tat – es ist nicht bloß des Bücherschreibens kein Ende, wie schon der weise Salomo sagt, sondern auch der sonstigen Schreiberei und namentlich der amtlichen. Freilich, seitdem den Behörden die Portofreiheit entzogen ist, werden, wie statistisch nachgewiesen ist, jährlich Tausende amtlicher Briefe weniger geschrieben. Man sollte daher meinen, ehemals, als noch kein regelmäßiger Postdienst eingerichtet war, als noch durch besondere Boten die Nachrichten überbracht werden mussten, sei die Zahl noch unendlich viel beschränkter gewesen.

Wem indes einmal ein Blick in alten Archive vergönnt ist, die in großen und kleinen Städten und auf bejahrten Gütern die Produkte der Schreibseligkeit unserer Vorfahren für Motten und Moder aufspeichern, der wird von solch einem naiven Vorurteil bald ablassen. Da gibt es Dinge, die gegenwärtig mit zwei oder höchstens drei Verfügungen abgetan sein würden, welche aber damals Hunderte von amtlichen Schriftstücken hervorriefen. Da werden Könige und Fürsten mit Fragen belästigt und antworten auch darauf, welche heute auf der untersten Instanz steckenbleiben würden. Und wir dürfen uns gratulieren, dass heutzutage bei unseren verwickelten Verhältnissen solch papierener Mechanismus auf eine bescheidene Größe reduziert worden ist.

Allerdings geben uns die Archive auch auf kleineren Gütern manchen interessanten Einblick in die Zustände alter Zeiten, den man sonst schwerlich gewinnt. Da begegnen uns trotz des großartigsten Apparats von Beamten und Instanzen eine Rechtsunsicherheit und ein so eigentümliches Durcheinanderlaufen der Befugnisse der einzelnen Bürokraten, dass ein Geschichtsschreiber in jeder dieser „Papierkammern" eine Fundgrube für eine vergleichende Rechts- und Kulturgeschichte entdecken könnte.

Die Leser bitte ich, einmal mit mir gemeinsam einen Griff in ein Aktenbündel aus einem der ältesten Güter hiesiger Gegend zu tun, aus dem Gut Berentrop.

Dieser Gutshof ist ungefähr zwanzig Minuten von Neuenrade entfernt. Er liegt versteckt und warm in einem lieblichen Talkessel, der sich nur nach Südosten öffnet. Vor vielen Jahrhunderten gehörte er einer Familie von Kemna oder de Caminata und wurde von den vier Brüdern Hermann, Wennemarus, Arnold und Ehrenwerth de Caminata im Jahre 1215 dem Prämonstratenser-Kloster Scheda vermacht. Zuerst erhielten sie bloß die Zehnten der außerordentlich weit ausgedehnten Besitzung, dann das gesamte Gut. Im Besitz dieses Klosters blieb es bis zum Jahre 1785, und die Pröpste von Scheda waren gestrenge Gutsherren. Sie gehörten zu jenen stolzen Prälaten, die immer im pluralis majestatis von sich redeten: „Wir, Propst des altehrwürdigen, hochadligen Gotteshauses Scheda." Und noch heute sagt man von einem unnahbar hochmütigen Menschen: „Er ist so stolz wie der Propst von Scheda.“

Von Anfang an hatten die Pröpste in Berentrop einen Hausgeistlichen, der nebenbei die Zehnten und später die „Pfächte“ und Zinsen für sie einkassierte. Weil meistens etliche altersschwache oder kranke Prälaten von Scheda dort wohnten, die seiner Beaufsichtigung übergeben waren, führte er den Titel Prior von Berentrop. Nur wenige Überreste von den alten, ausgedehnten Bauwerken sind noch heute vorhanden. Die meisten haben neuen, freundlichen Wohnräumen und Wirtschaftsgebäuden weichen müssen. Nur die erhaltengebliebenen großen Kellerräume zeugen davon, dass auch hier die Mönche einen guten Tropfen edlen Weines nicht verschmäht haben. Ja, ein Keller existiert noch, den die alten Herren so sehr liebten, dass sie ihre Leichen in ihm beisetzen, beziehungsweise wie in den römischen Katakomben einmauern ließen. Leider gehören diese Kellerräume nicht zu jenen anderwärts berühmten Bleikellern, in denen die sterblichen Überreste sich jahrhundertelang frisch erhalten. Die alten Dokumente, welche die Mönche schrieben, sind dauerhafter gewesen als sie selbst, und sie haben sich zum Teil auch trotz der unruhevollen Zeiten und der wechselnden Besitzer erhalten.

Wir greifen also ein Aktenbündel aus ihnen heraus. Es umfasst die Zeit von 1580 bis 1790. Da sind Verzeichnisse der großen ausgedehnten Besitzungen, welche zu Berentrop gehörten und zahlreiche „Gewinn-Nottuln“, in denen genau aufgeführt steht, was dafür an „Pachten und Kirchensteuern“ entrichtet werden musste. Da sind Erlasse der Kurfürsten von Brandenburg und der Könige von Preußen, Briefe der ehemaligen Drosten, der Pröpste und der Kapitularherren von Scheda, der Richter zu

Neuenrade, der Pächter und Unterpächter, Rechtsgutachten berühmter und unbekannter Rechtsgelehrter, notarielle Dokumente und Zahlungsbefehle, kurz ein Sammelsurium von dem Verschiedensten, was der geduldigste Märtyrer der Welt, das Papier, auf seinen Rücken nehmen muss.

Wir betrachten das Bündel. Siehe da, etliche überaus zierlich geschriebene Bogen fallen uns in die Hand. Sie handeln von einer längst vergessenen und doch vielleicht für die Stadt Neuenrade überaus wichtigen Angelegenheit, welche bei richtiger und ausgiebiger Nutzung ihre Zukunft in glänzende Bahnen lenken könnte:

Der Droste Christoffer von Plettenberg schreibt nämlich am 26. Mai 1657 an den Richter zu Neuenrade: *„Demnach, da durch sonderliche Schickung Gottes des Allerhöchsten zu Neuenrade ein Heilbrunnen entsprungen, bei welchem vill Leut durch Gottes Gnade geholffen und bei dem vill Almoßen gegeben werden, so billich zur Underhaltung der lieben Armudt unde sonsten zu Gottes Ehre verwahret und verwandt sein müssen, also so wird Nahmens Sr. churfürstlichen Durchlaucht zu Brandenburg, unseres gnädigsten Herrn, dem Frohnen zu Neuenrade Claß Bock anbefohlen, beikommendes Schloss vor den bei dem Brunnen stehenden Stock zu hangen und den Schlüssel dem Herrn Pastori daselbsten zu überreichen und darauf gute Achtung zu haben, das ohne wolgemeldten Herrn Pastoris Vorwissen kein Geld daraus genohmen, oder an einige Ding verwandt werde. Auch über die früher eingekommenen Almosen, soweit dieselben bereits verteilt seien, solle Rechnung abgelegt und herausgegeben werden, was noch im ‚Stock' vorhanden sei."*

Der Heilbrunnen ist noch vorhanden, wenngleich die meisten Bewohner Neuenrades von seiner Existenz nichts wissen. Ab und zu kommt sogar, oft aus weiterer

Entfernung, ein Augenkranker, um seine trüben Augen dort wieder hellzuwaschen. Auch für mancherlei anderes Gebrechen wird dort Hilfe gesucht und, wie die Überlieferung sagt, auch gefunden.

Dieser Brief des Drosten hat nun aber noch weitere Folgen gehabt. Kaum hatte der Propst von Scheda, auf dessen Berentroper Territorium der Heilbrunnen lag, davon Kenntnis erlangt, so erhob er am 30. Mai desselben Jahres schon Widerspruch gegen die Annektierung der Almosen durch die politische Behörde. Denn bisher hatten er oder sein Prior zu Berentrop diese Gelder verwandt und wahrscheinlich auch die „liebe Armut" damit unterstützt. Aber es passte ihm durchaus nicht, dass, nachdem die reformierte Ketzerei in Neuenrade eingedrungen war, dem dortigen Pastor und dem Amtsfrohnen nebst etlichen anderen ehr- und achtbaren Bürgern die Verteilung dieser Gelder überlassen werden sollte. Doch sein Protest war vergeblich.

Christoffer von Plettenberg erwidert am 8. Juni 1657 dem *„hochwürdigen, hoch-edelgebohrenen, gestrengen wie auch hochgelahrten Herrn Propsten Caspar von der Heese, dass er selbiges, was mit Verhängung des Schlosses am Stock bei dem Heilbrunnen getan oder befohlen, bei Sr. Churfürstlichen Durchlaucht jederzeit zu verantworten gedenke, sintemahlen das Hauß unde Guth Berendorff in Churbrandenburgischer ohndisputirlicher Hoheit gelegen sei. Und da Se. Churfürstliche Durchlaucht Vorsteher und Herr der Armen in diesen Ländern sei, so sei dem Herren Propsten an seinen Rechten und seinem Erbgrunde nicht präjudiciret worden. Übrigens könne dessen Bedienter gleichfallß ein Schloss an den Post neben das andere hängen, und wenn den Armen ausgeteilt werde, der Distribution beiwohnen."*

Eine Antwort darauf liegt nicht vor. Aber schon am 28. Juni schreibt der Droste wiederum an den Herrn Propsten eine bittere Klage, *„was vor greuliche Anschlege auf dieses Brunnens Almoßen"* gemacht seien, *da man das Schloss erbrochen und das Geld gestohlen habe. Es were deshalb kein Wunder, wenn Gott der Allmechtige, sein gestrenges und gerechtes Gericht über solche Uebelthäter, so der Armudt ihr Teil abzuschneiden wagen, ergehen und solche Leuth in den Erdboden verschlingen ließ, welches die Armen mit ihrem Gebett und Seuffzen zu Gott im Himmel erbitten werden.*" Dann aber lässt er mit feiner Wendung, indem er alle seine Untergebenen neben den Neuenradern für unschuldig erklärt, verstehen, dass seine fulminanten Eingangsworte gegen keinen geringeren als den Herrn Propst persönlich gerichtet sind, der nächtlicherweise wohl die streitigen Gelder durch seinen „Bedienten" gewaltsam an sich genommen haben mochte, weil er die Berechtigung zu solchen Regulierungen kirchlichen Besitzes nicht anerkennen wollte. So sollen es auch später in ähnlichen Fällen andere getan haben, obgleich sie keine Pröpste von Scheda waren.

Der weitere Verlauf dieser Angelegenheit ist aus den Akten nicht zu ersehen, aber heute ist der Armenstock aus der Nähe des Heilbrunnens schon lange verschwunden, und anstatt einiger Vorrichtung zum Nutzen kranker Badegäste hat man bloß einen Zaun herumgezogen, damit die Gesunden nicht hineinfallen. Indes, wer weiß, gäbe es Leute in Neuenrade, welche Dreistigkeit genug besäßen, um wie andere Orte hochtönende Reklame in die Welt hinauszuposaunen, so könnte vielleicht unser mit Naturschönheiten so reich bedachtes, aber leider viel zu wenig bekanntes Sauerland durch diese Heilquelle die Aufmerksamkeit auf sich ziehen und Mode werden.

Wir tun einen zweiten Griff in unser Aktenbündel. Und siehe da, die Papiere, welche wir ergreifen, erzählen uns eine für die kirchlichen Verhältnisse des 17ten Jahrhunderts nicht uninteressante Geschichte:

Im Jahre 1618, so berichten sie uns, starb ein Prior zu Berentrop namens Sergius von Popinghaus – ein Vorfahre der noch immer existierenden Familie von Pöppinghausen. – Derselbe war seltsamerweise verheiratet und hatte in Berentrop seine Frau nebst etlichen Kindern zurückgelassen. Als er nun gestorben war, wollte seine Gattin Berentrop nicht verlassen, sondern sie beanspruchte nach dem Satz: „*Mann und Weib ein Leib*", das Recht, als Erbin des Priors und als Bedienstete des Propstes das Gut weiter zu bewirtschaften. Darüber wurden aber sehr fatale Verhandlungen geführt. Der Propst von Scheda war in hohem Grimm darüber, dass ein Mitbruder, ja, ein Kapitularherr des altehrwürdigen hochadligen Gotteshauses Scheda sich bis zu dem Maß von der Ketzerei hatte anstecken lassen, dass er meinen konnte, das Wort der Bibel: „*es ist nicht gut, dass der Mensch allein sei*", fände auch bei einem Kapitularherren von Scheda Anwendung.

Er erkannte deshalb die, übrigens auch aus adliger Familie stammende, Gattin des Verstorbenen nicht als solche an. Er bezeichnete sie in seinen Briefen nur: die „*Kuchin*" (Köchin) von Berentorff und hätte sie am liebsten mit Hilfe des Frohnen als eine Landstreicherin vom Hof gejagt. Doppelt wurmte es ihn aber, dass ihr ältester Sohn Philipp, welcher in Wittenberg Theologie studierte, noch obendrein die „Frechheit" besaß, einen Anspruch auf die Priorei in Berentrop zu erheben, wodurch zweifelsohne das alte klösterliche Besitztum in ein evangelisches Stift verwandelt worden wäre. Darum setzte er alle Hebel in Bewegung. Er gab sogar seinem Herzen einen Ruck und erzielte endlich mit der Witwe einen Vergleich dahin, dass er ihr versprach, aus den Einkünften Berentrops ihr auf eine Reihe von Jahren 120 Taler als jährliche Rente zu zahlen, „*wenn sie alsbald das Gut räume, verlasse, relinquire und jeglicher Turbation dortselbsten sich enthalte*". Dem Sohn aber, der sich wegen seiner vermeintlichen Ansprüche an den Kurfürsten gewandt und „*gnedigste intercessionales*" – Fürsprache – seitens desselben erwirkt hatte, versprach der Propst, am 17. November 1618, ihm anstatt des Priorates zu Berentrop das Pastorat zu Werdohl, dessen „*Collator und wahrer Patron*" der Propst war, zu übertragen. Selbst dann, wenn er sie selber nicht verwalten könne, sondern sie durch eine andere, dem Kirchspiel angenehme und tüchtige Person bedienen lasse.

Als nun der Pastor zu Werdohl, Laurentius Kettler, im Jahre 1624 verstorben war, erinnerte Philippus von Popinghaus am 11. Juli 1625 den „*Ehrwürdigen, wohledlen, würdigen, wohlgelahrten Herrn Propsten, Prior, Kelner und großgünstige Conventualen des Klosters Scheda*" an das Versprechen vom 17. November 1618. Er bat, „*da er annoch die Pastorei nicht antreten und bedienen könne*" (er war evangelischer Prediger zu Düsseldorf), Theodorum Hermann, welcher dem Kirchspiel angenehm und ein tüchtiger Mann sei, bis er selber Gelegenheit habe, die Stelle zu bedienen, ihn zu ersetzen. Er werde dafür sorgen, dass in Sachen der Religion an dem, was er vorfinden werde, nichts geändert werden solle.

Damals aber war die Gemeinde Werdohl durch Laurentius Kettler bereits der Reformation zugefallen. Der Propst von Scheda, welcher mit Rücksicht auf die gerade günstige Machtstellung des Katholizismus nur auf das

Versterben dieses angesehenen Mannes gewartet hatte, gegen den er bei seinen Lebzeiten nichts zu unternehmen wagte, war durchaus nicht willens, die Gemeinde so zu lassen, wie sie durch Kettler geworden war. Er beabsichtigte vielmehr, dieselbe zurückzureformieren. Er ließ deshalb den Philipp von Popinghaus ohne Antwort und besetzte die Pfarrstelle zu Werdohl mit einem katholischen Priester, Hermann Kerkering.

Kaum hat Popinghaus das erfahren, so richtet er am 19. Juli 1624 ein nicht allzu höfliches Schreiben an die großgünstigen Herren von Scheda, in welchem er ihnen vorwirft, dass sie es an dem schuldigen Respekt gegen die Befehle Seiner Kurfürstlichen Durchlaucht und an der Achtung vor ihrem eigenen Versprechen fehlen ließen. Schließlich verlangt er, sie sollten ihr Vorgehen revidieren, insbesondere die Gemeinde bei ihrem evangelischen Bekenntnis belassen, welches sie nun schon 50-60 Jahre gehabt habe, und dem von ihm vorgeschlagenen Theodor Hermann die Stelle übertragen. Man solle bedenken, dass sie doch nur sehr unbedeutend sei, außer dem Ackerland nur fünfzig schlechte Taler eintrage und ihren Mann nur „*kümmer- und säuerlich*" ernähre. Solch ein Brief von einem evangelischen Geistlichen, voll Vorwürfe und Forderungen, missfiel dem gestrengen Herrn Propst dergestalt, dass er nicht bloß dem Philipp von Popinghaus keinerlei Antwort zukommen ließ, sondern auch die Rente seiner Mutter einzog. Popinghaus half sein Klagen bei Hofe auch nicht, da man sich in der bewegten Zeit des Dreißigjährigen Krieges um andere Dinge zu kümmern pflegte, und so blieb er denn in Düsseldorf, wo er auch starb. Der Propst aber musste sehr gegen seinen Willen schon 1625 seinen katholischen Priester von Werdohl zurückrufen, da dieser keine Gemeinde fand, die sich von ihm bedienen ließ. Er übertrug dann also wieder einem evangelischen Pastor, Petrus Oestrich, die Stelle.

Wir greifen noch ein drittes Mal in unser Aktenbündel. Diesmal sind es weltliche Angelegenheiten, die wir erfassen.

Da hatte im Jahre 1651 ein Herr von Wrede das Gut Berentrop auf zwölf Jahre gepachtet, aber nicht nur seine Pacht unregelmäßig gezahlt, sondern auch das Anwesen außerordentlich verkommen lassen und insbesondere den wertvollen Hochwald verwüstet und zu Geld gemacht, während er doch nur das Recht besaß, Brennholz zu fällen. Darum wollte der Propst von Scheda ihm den Landsitz nach Ablauf seiner Pachtzeit nicht aufs Neue überlassen. Er hatte ihm deswegen auch zwei Jahre vor Ablauf der Frist gekündigt. Aber von Wrede wollte nicht abziehen. Er remonstrierte und petitionierte, und wusste durch seine persönlichen Verbindungen diese einfache und klare Angelegenheit zu einer hochwichtigen Sache aufzubauschen.

Er bestritt höchst unverfroren alle Vorwürfe, die ihm gemacht wurden. Der Propst legte aber eine detaillierte Schadensrechnung vor. Er behauptete, in den gefährlichen Kriegsläufen während seiner Pachtzeit habe er viel Not gelitten und beinahe seine ganze Armut daran gewandt, das Gut zu erhalten. Treffend antwortete ihm der Propst, dass seines Wissens der Friede bereits 1648 geschlossen sei, während seine Pacht erst von 1651 datiere. Er behauptete sogar, die Kündigung sei nicht rechtzeitig geschehen. Der Probst aber legte eine Abschrift seines damaligen Briefes vor.

So und ähnlich wurde, mit Auffindung immer neuer Punkte sowie Einschaltung immer neuer Behörden bis zum Kurfürsten von Brandenburg, länger als drei Jahre gestritten. Der Droste von Unna, Gisbert von Bodelschwingh zu Niedermassen, wurde seitens des Kurfürsten zum Spezialkommissar in dieser hochbedeutsamen Sache ernannt, und zahllose Verfügungen wurden auf das dauerhafteste Büttenpapier geschrieben.

Da machte insgeheim der Droste von Neuenrade, Dietrich Stephan von Neuhoff zu Pungelscheid (der Großvater des berühmten Sommerkönigs von Korsika, Theodor von Neuhoff) ohne Vorwissen der Konventsmitglieder einen Vertrag mit dem Propst zu Scheda. Kraft dessen wurde ihm die Pachtung des von Wrede übertragen. Nun begann aber erst recht der Streit, ein förmlicher Hexentanz! Von Neuhoff trat seine Pacht an, vertrieb von Wrede, pflügte die von ihm besäten Äcker wieder um und benahm sich auch sonst wie ein richtiger und wahrer Pächter. Von Wrede aber beschwerte sich, klagte bei Hoch und Niedrig, und der Droste von Unna, der Spezialkommissar, erkannte für Recht, dass von Neuhoff mit den Streitsachen zwischen dem Propst und von Wrede nichts zu tun habe und allen getanen Schaden ersetzen müsse.

Zur gleichen Zeit aber schrieben auch alle Kapitularherren von Scheda am 5. April 1664 einen Protestbrief gegen von Neuhoff und erklärten, dass ihr Propst sich vergangen habe, da er ohne ihr Vorwissen und ihren Beschluss keine Verpachtung Berentrops vornehmen dürfe. Dieser habe das auch eingestanden, und deshalb hätten die Kapitularherren beschlossen, keinen weltlichen Leuten das Gut mehr anzuvertrauen. Sie wollten es vielmehr durch einen aus ihrer Mitte bewirtschaften lassen, diesmal durch den Prior Adolf Melchior von Schlade. Ohne weitere Verhandlungen abzuwarten, begab sich dieser daraufhin nach Berentrop und forderte den kaiserlichen Notar Bernhardus Kormann auf, an einem bestimmten Tag nachmittags zwischen zwei und drei Uhr auf Berentrop zu erscheinen und ein notarielles Dokument darüber aufzunehmen, dass und wie er von besagtem Gut Besitz ergriffen habe. Dieser notarielle Beleg existiert ebenfalls noch. Er ist von kulturhistorischem Interesse, weshalb ich mir nicht versagen kann, ihn wenigstens teilweise hierherzusetzen:

Kormann schreibt: „*Da ich nun diese Requisition als gütlich angenommen und ampteshalber nit verweigern können, so habe ich auch hernach beschriebenen actibus successivis mit Gezeugen beigewohnet, und alles fleißig in notam genommen, maßen oben bemeldter Herr Requirent Schlade sotaner Güter Possession*[*)] *corporaliter animo possidendi per ingressum et insiste etiam, aspectum, actum eundi et agendi eingenommen. Und zwaren erstlich auf dem Hause und Priorat auf der obristen Kuche, wo im untersten Herde die Haale am Herde von mehrgenanntem Herrn Requirenten auf und ab geschürzet, auf der Tür der Ring ergriffen, die Tür damit auf und zugezogen, allernechst vor dem Hause von dem Apfelbaum ein Zweig geschnitten, vor dem Platz aus dem Teiche Wasser geschöpfet, und auch im Garten, auf'm Felde und Wiesen Fraßen* (Rasen) *ausgestochen, in der Mühlen ein Stück vom Mühlenbette geschnitten und dadurch sowohl des Hauses, Wiesen, Weyden, Fischerei, Ländereien und Mühlen Possession ergriffen ist.*

Demzufolge hab mich mit dem Herrn Requirenten und nachbenannten Gezeugen zu dem nechst gelegenen Gehöltz, das Priegels-

---

[*)] Übers.: wie er in eigener Person mit der ausgesprochenen Absicht der Besitznahme durch Eintreten, Hinstellen, Besehen, Herumgehen und mancherlei Tathandlungen Besitz ergriffen habe.

holtz genandt, verfügt, daselbst die Bunde (Rinde) *von einem Buchenbaum geschnitten und vom Herrn Requirenten ein Hund, so durch dessen Diener Bernhard Adolffs am Stricke geführet, gelöset, ein Jagerhorn geblasen, und von obgemeldtem, des Herrn Requirenten Diener mit einem Rohr Fewer gegeben, und dadurch Possession lignandi et venandi,*[**)] *wie auch allen Rechts und Gerechtigkeit ergriffen ist.*"

Trotz dieser überaus originellen, feierlichen und durch die Anwesenheit und den Akt des kaiserlichen Notars legalisierten Besitzergreifung bewirtschaftete von Neuhoff das Gut trotzdem nach wie vor. Er schikanierte den Prior, wo er nur konnte, und protestierte in alle Richtungen gegen das ihm angetane Unrecht, so dass die bei dieser Sache beteiligten Behörden über all diesen profunden Protesten, Suppliken, Repliken und Dupliken sämtlicher Parteien schier in Verzweiflung gerieten.

Schließlich aber, das geht aus diesen sowie historischen Pungelscheider Akten hervor, mischten sich die Geister der toten Mönche in Berentrop ein. Mit ihren weißen Gewändern angetan, entstiegen sie nicht bloß nachts, sondern auch am hellen Mittag ihren Grüften, scheuchten die Knechte und Mägde von ihrer Arbeit und aus ihrem Schlaf und verleideten dem Drosten von Neuhoff das Gut dermaßen, dass es keines kurfürstlichen Befehles bedurft hätte, um ihn zu bewegen, sich zum Rückzug zu bequemen und sich fortan mit seinem ererbten Gut Pungelscheid zu begnügen.

Später hat der gestrenge Herr Propst das Gut Berentrop doch wieder an weltliche Personen verpachten müssen, weil die Mönche der Wirtschaft nicht recht vorzustehen verstanden. Endlich wurde er der beständi-

---

[**)] Besitz des Holzungs- und Jagdrechts.

gen Querelen mit unordentlichen Pächtern und mit den kühnen Holzfrevlern von Neuenrade überdrüssig und verkaufte das vielumstrittene Besitztum im Jahre 1785 an den Kaufmann Löbbecke aus Iserlohn.

So erzählen uns die vergilbten Papiere aus kleinen Verhältnissen ein Stück Kirchturmsgeschichte, das weit über seinen engen Rahmen hinaus hochinteressante Schlaglichter auf das große Getriebe der Weltgeschichte wirft.

Eine kleine Geschichte aus ernster Zeit

Als in der unglücklichen Schlacht von Jena im Jahre 1806 Preußens Macht zusammengebrochen war und danach der Tilsiter Friede das Königreich zerrissen hatte, da legte sich die schwere Hand des räuberischen Korsen auch auf unser Sauerland. Und als nun drüben die Kölner zu Hessen-Darmstadt geschlagen wurden und die alte Landwehr hinter Neuenrade zur Grenze gemacht worden war, da wurden unsere Vorfahren mit dem ganzen Apparat des französischen Polizei- und Zollsystems gestraft.

Überall durchzogen damals die französischen Gendarmen Berg und Tal, um die Überläufer einzufangen, die in altpreußischem Patriotismus lieber Deserteure wurden und ihren Hals riskierten, als dass sie den blutigen Fahnen des Eroberers folgten. Jetzt haben sich allmählich alle in den Ruhestand begeben, die damals den Mut zur Flucht besaßen. Aber wir haben noch manchen gekannt, der sich wochen- und monatelang, ruhelos wie gescheuchtes Wild, im dunklen Forst und in den Klüften der Berge verborgen hatte und der nur ab und zu auf versteckt liegenden

Gehöften eine kurze Rast pflegte. Jedermann gab den flüchtigen Landeskindern Unterstützung und versuchte, die sie verfolgenden Gendarmen auf falsche Fährten zu führen. Nur einige wenige Namen von Verrätern werden noch heute mit Abscheu als abschreckende Beispiele ehrloser Gesinnung genannt.

Zu den spionierenden Gendarmen, deren Tätigkeit so furchtbar hart in das Leben vieler Familien hineingriff, gesellten sich die *Douaniers* oder *Kamisen*, wie man sie nannte. Mit ihren Zöllen, Steuern und Pässen, die den gewohnten freien Verkehr hemmten und von den freiheitsliebenden Kindern der Berge nicht bloß deshalb, sondern auch wegen ihres unerträglichen Hochmuts und ihrer überflüssigen Schikanen als eine schwere Landplage bitter gehasst wurden.

Wo man ihnen einen Streich spielen konnte, da wurde die Gelegenheit selten versäumt. Überall bildeten sich an den Grenzen größere oder kleinere Schmugglerbanden. Jeder war bereit, ihnen gegen die List der *Kamisen* mit doppelter Durchtriebenheit beizustehen. Die geschmuggelten Waren, unter denen Tabak eine Hauptrolle spielte, fanden überall ein Versteck, und nicht selten wurden sie sogar an geweihter Stätte, in den Kirchen, vor dem Späherauge der *Douaniers* verborgen.

Der Kirchturm in Werdohl war beispielsweise längere Zeit ein Stapelplatz des geschmuggelten Tabaks, den niemand dort suchte. Die Schmugglergänge waren natürlich nicht immer vergnüglicher Art. Mancher wurde dabei gefasst, manch ein Kampf wurde an der Grenze geführt, aber meist verstanden es die landeskundigen Schmuggler, auf den zahllosen Schleichwegen in Berg und Tal ihren Feinden zu entgehen. Mit Vorliebe wählten sie auch für ihre Gänge jene Bezirke aus, wo von alters her schreckliche Spukgeschichten passiert waren. Die Geister hatten auch ein Einsehen und belästigten die Schmuggler so wenig wie möglich.

Erzählt wird sogar vom Mann ohne Kopf, der noch heute in der Landwehr auf der Grenze umgeht, dass er – wie es denn auch vom alten, germanischen Wotan nicht anders zu erwarten war – für seine Landsleute gegen die *Kamisen* Partei ergriffen hat und sie seine mächtige Geisterfaust habe fühlen lassen.

Ganz besonders schwer trug man aber damals daran, dass die Zollplackerei nicht bloß an der Grenze, sondern überall im Lande ausgeübt wurde. Jedes Tragetuch, jeder Korb, jeder Sack wurden untersucht, und überall mussten Passierscheine gelöst werden. Kurz, es war eine Belästigung ohne Ende! Da war es nicht zu verwundern, wenn hier und da einem freien Bauern die Zornader schwoll, oder wenn ein kleinerer oder größerer Aufstand losbrach, oder sonst einmal jemand die windigen Franzosen seine Faust fühlen ließ. War es auch meist nur ein Sturm im Wasserglas, der rasch gedämpft wurde (wenn er auch fast immer für die Beteiligten böse Nachwehen hatte), so waren solche Ereignisse doch eine Abwechslung in der bitter empfundenen Knechtschaft.

Manche ernste und manche ergötzliche Geschichte wird davon erzählt. Meistens verlaufen sie ähnlich wie jene von dem beurlaubten preußischen Soldaten, der auf dem Rückweg zu seiner Garnison in Balve Rast macht. Im Wirtshaus trifft er die *Kamisen*, die einmal zur Abwechslung über die Grenze gegangen waren, und nun, hinter ihrem Wein tafelnd, den armen Preußen bei seinem Schnapsglas verspotten. Ein Wort gibt das andere, und der Preuße bleibt nichts schuldig. Endlich zieht in der Wut einer der *Douaniers* seinen Säbel und fordert den Soldaten heraus, um ihm zu zeigen, wie überlegen der Franzose im Waffenhandwerk dem Deutschen sei. Zugleich entledigt er sich seines Rocks, um flinker fechten zu können. Da zieht auch der Preuße vom Leder, ruft – was man seitdem bei manchen Gelegenheiten wieder zu hören pflegt: *„Holt dine Lotzen men ane, ik kumme der säu all dör!"*, und spaltet mit dem ersten Hieb dem Franzosen den Arm, so dass ihm der Säbel aus der Hand fliegt.

Bedeutsamer ist aber die folgende Geschichte, die noch oft mit Wohlgefallen erzählt wird.

Es war im Spätherbst des Jahres 1812, da fuhr eines Tages der damalige Besitzer der Borbecke*), von seinem Sohn begleitet, durch die Nordhelle mit einem Wagen Korn zur Versevoerder Domanialmühle. Der Vater ging vor, um in Werdohl auf dem Zollbüro, welches sich damals bei dem Wirt Kohlhage befand, die nötigen Passierscheine zu holen. Inzwischen hatten die wachsamen Gendarmen den Sohn im Berg aufgegriffen, weil er keinen Passierschein besaß.

Seinen Beteuerungen, dass der Vater gegangen sei, um einen solchen zu holen, wurde nicht geglaubt, sondern man legte Hand an ihn, um ihn festzunehmen. Mutig wehrt sich der Jüngling, aber die Gendarmen ergreifen ihn und sind im Begriff, ihn zu fesseln. Da erscheint der Vater, ein durch seine große Kraft bekannter Mann, wieder auf dem Schauplatz. Als der seinen Sohn in solcher Not sieht, greift er zwei der Gendarmen und wirft

---

*) Die Borbecke liegt an der Chaussee nach Lüdenscheid, ungefähr eine Meile von Werdohl.

sie wie Kinder zur Seite. Ein dritter aber zerschmettert ihm mit einem Säbelhieb zwei Finger der rechten Hand. Doch es gelingt ihm, die Wagenrunge abzumachen, und nun bearbeitet er mit Hilfe seines Sohnes die Franzosen derart damit, dass sie sehr bald das Weite suchen. Blutend fahren Vater und Sohn ins Dorf. Ihr Anblick und ihre Erzählung fallen wie ein Funken in ein Pulverfass. Und als nun die Gendarmen, die den beiden nachspioniert hatten, versuchen, in das Haus einzudringen, wo sie sich aufhalten, werden sie von den Versammelten derart mit Hieben traktiert, dass sie zum zweiten Mal fliehen müssen. Doch damit ist es noch nicht genug.

Am kommenden Sonntag, als von allen Seiten die Bewohner der Gemeinde im Dorf zusammenkommen, wird Kriegsrat gehalten. Empfinden doch alle die gewaltige Ungerechtigkeit, die einem aus ihrer Mitte angetan worden ist, als einen Schlag, der sie alle ins Angesicht trifft, und als einen neuen Beitrag zur Leidensgeschichte der unterdrückten Nation. Und siehe da, mit Äxten, Gabeln, Dreschflegeln bewaffnet – die Flinten haben abgeliefert werden müssen – zieht eine ganze Schar rachedurstig nach Neuenrade, wo im Düsterlohschen Haus das Hauptquartier der französischen Polizeiwächter ist. Als die Werdohler herannahen, flüchten die Franzosen, nichts Gutes ahnend, ins Rathaus und verbarrikadieren sich darin, so gut es in der Eile geht. Aber was hindert einen ergrimmten Volkshaufen ein verrammeltes Haus! – Das Rathaus wird gestürmt. Ein alter Zimmermann zerschlägt mit seiner Axt die feste Eichentür. Die da drinnen schießen. Aber den Zimmermann kümmert es so wenig, als wäre er im Kugelhagel aufgewachsen. „*Dat dauet it men*“, ruft er den *Kamisen* zu und arbeitet weiter, bis die Tür zusammenbricht. Der Zollinspektor wird, nachdem ein gewaltiger Stockhieb ihn niedergeschmettert hat, wie einst die kaiserlichen Räte in Prag aus dem Fenster auf einen Düngerhaufen geworfen, und die Übrigen werden furchtbar zugerichtet. Auch die Werdohler haben blutige Köpfe, aber als Sieger verlassen sie stolz die Kampfstätte.

Wenn man von Neuenrade nordwärts auf steilem Wege zwischen Heidekraut, Wacholdergebüsch und spärlichen Tannen hindurch den Kohlberg besteigt, so sieht man nach ungefähr dreiviertelstündiger Wanderung das kleine Dorf Dahle in der Tiefe vor sich. Vor einigen Jahren wurde sein Name häufig genannt. Denn ein schweres Brandunglück hatte, bis auf die Kirche und wenige Häuser, das ganze, sich zum Teil terrassenförmig an eine ziemlich steile Bergwand anlehnende, Dörflein zerstört. Das Feuer im Giebel des einen Hauses entzündete das Strohdach des anderen an der Dachtraufe, und so hatte das verderbliche Element mit glühenden Zungen weitergeleckt, bis fast nichts mehr als ein großer, rauchender Trümmerhaufen übrigblieb. Besonders dank der von allen Seiten zuströmenden Gaben ist das Dörflein jetzt aber wie ein Phönix wieder aus der Asche entstanden.

Dahle ist eine Schöpfung der Industrie. Noch im siebzehnten Jahrhundert bestand es nur aus sieben Gebäuden. Seitdem aber hat die heimisch werdende Ketten- und Nadelfabrikation Haus an Haus dort wachsen lassen. Die eigentümliche Lage des Ortes hat seinen Bewohnern von jeher ihren Stempel aufgedrückt. Die tiefe Abgeschlossenheit, in der das Dorf zwischen seinen hohen Bergen liegt, war zu groß, als dass der leichtlebige Weltsinn von den Märkten und dem Verkehr zu ihm hätte hinüberdringen können. Andererseits aber behütete ihre unermüdliche Betriebsamkeit die Bewohner vor dem Versinken in geistige Stumpfheit. Schöpferische Regsamkeit aber, die nicht ins Weite streben kann, sondern sich in sich selbst versenken muss, führt mit Sicherheit zu allerlei Grübeleien. Darum haben auch die meisten modernen Sekten dort eine zeitweilige Unterkunft gefunden oder sich teilweise sogar dauerhaft ansässig gemacht. Und nicht nur die himmlischen, sondern auch die irdischen Probleme haben in Dahle ein Asyl für ihre Sektierer gefunden. Noch heute erzählt man unter anderem mit viel Vergnügen von einem Konsortium, welches sich mit der Erfindung des *perpetuum mobile* Zeit und Geld vertrieb, zur Unterscheidung von den anderen, gewöhnlichen Arbeitern in weißen Mützen einherstolzierte, und auch die Maschine so weit fertigstellte, dass nur das eine, berühmte kleine Rädchen noch fehlte.

Im Übrigen aber sind es noch heute ernste, kernige Gestalten, die uns hier entgegentreten, und die oft unter ihrer rauhen Hülle ein tiefes inneres Leben bergen. Vielfach sind bei ihnen auch noch die Geschichten und Sagen aus ihrer Väter und Vorväter Zeit lebendig, und wir wollen versuchen, im Folgenden einige von ihnen dem drohenden Versinken in die Vergessenheit zu entreißen.

Der Ritter von der Isenburg

An drei Seiten zieht sich um das Dorf Dahle, im Norden erst zu ihrer ganzen schauerlichen Öde aufsteigend, die unwirtliche Höhe der Giebel. Auf dem kahlen Bergrücken wachsen bloß Heidekraut und niedriges Buschwerk. Nur hier und da haben fleißige Hände dem rauhen Boden eine mäßig gedeihende Waldfläche abgetrotzt. Auf dem Gipfel des Gebirges braust der Sturm und zieht der Nebel. Ganz besonders schauerlich ist die Höhe im Winter, wenn Schneestürme die kaum wahrnehmbaren Wege vollständig verwischt haben. Da muss man schon ziemlich landeskundig sein, wenn man sich da droben nicht verirren soll. Manche erschütternde Geschichte erzählt man von Wanderern, die dort in die Irre geraten und entweder umgekommen sind oder halb verhungert und ganz ermattet wieder aufgefunden wurden. Hier in der heulenden Bergwildnis haben auch ehemals die Wölfe ihr Quartier gehabt. Noch heute erzählt man in Dahle, wie diese Tiere am sogenannten Knübotten sich so nah an die wenigen Häuser wagten, dass kaum ein Wintertag verging, an dem sie nicht zu den Fenstern hineingeblickt hätten. Die auch zu dieser Zeit schon fleißigen und betriebsamen Bewohner, wenn sie von ihrer Arbeit aus den Springen bei Evingsen zurückkehrten, verstanden sie dadurch zu vertreiben, indem sie einen mit Holzkohlen halb gefüllten Sack rappeln ließen und auf kleinen Metalltrompeten etwas von jener Musik dazu aufspielten, die Steine erweichen und Menschen rasend machen kann. Ja, die landläufige Sage redet von einem gespenstischen dreibeinigen Wolf, der noch immer bisweilen die Hohe Giebel unsicher macht.

Auch sonst noch wimmelt die Höhe von Geistern und Gespenstern. Besonders Wotan ist es, der Liebling des uralten deutschen Volksglaubens, der fast in all den verschiedenen Gestalten, in denen er in Sagen zu erscheinen pflegt, dort oben seine Heimat hat. Zur Zeit der Sonnenwende, in den Aprilschauern des Frühlings und im Herbststurm, der über die kahle Höhe rauscht, zieht er dort als der Wilde Jäger, oder lagert mit seinem Heer im hohen Heidekraut. Im Zwielicht spukt er als der Mann ohne Kopf durch Wald und Heide und erschreckt den arglosen Wanderer. Durch die Nacht saust er auf weißem Schimmel und beklagt sein trauriges Geschick. Nicht selten muss der königliche Gott seinen Schimmel entbehren und schreitet dann unter dem Namen „der Schwarze Lubert" in der Gestalt eines großen, schwarzen Mannes mit einem Hut so groß wie eine Kornwanne über die Furche und stößt mit Vorliebe einen trunkenen Gesellen in die tiefen Wagengleise. Oder er jagt ängstliche Bergsteiger mit grinsendem Angesicht vor sich her, bis ihnen die Knie zusammenbrechen.

So ist auch heute noch die Giebel ein Ort des Schreckens, und den Wanderer, der es wagt, einsam im Schneesturm oder im Sauerländer Nebel, obendrein wenn der Abend dunkelt und die Nacht sich herniedersenkt, sie zu übersteigen, den sieht man mit ebenso unverhohlener Bewunderung an wie anderwärts den Weltumsegler, der die *grande tour* gemacht hat und weder von den Menschenfressern verspeist noch von den grausigen Meerestiefen verschlungen wurde.

Vor Jahrhunderten war die Giebel aber noch aus einem anderen Grund ein Ort des Schreckens: Hausten doch da droben auf der Gellenburg und auf der Isenburg zwei Raubritterfamilien, die keinen harmlosen Pilger ungerupft vorüberziehen ließen, geschweige denn ungeplündert die Züge von Kaufleuten aus dem Norden, deren Hauptverkehrsstraße nach Frankfurt am Main damals über die rauhe Höhe führte. Bis ins sechzehnte oder gar siebzehnte Jahrhundert hinein sollen sie, besonders aber die Isenburger, ihr schändliches Räuberhandwerk geübt haben. Dass auch sie ihren Rossen die Hufeisen verkehrt herum unterlegen ließen, um so Verfolger und Verfolgte zu täuschen, das begnüge ich mich als einen neuen Beweis für die Armut an Erfindungsgabe der Sagen rings um die Lenne anzumerken.

Selbstverständlich war der Sage zufolge auch der letzte Raubritter von der Isenburg der schlimmste. Ein Dahler Kind hat im Jahre 1841 in einem, im *Altenaer Kreisblatt* abgedruckten, Gedicht seine Taten vor und nach seinem Tode in „schwungfreien" Versen besungen. Sagensammler haben ihn „ehrenvoll" erwähnt, und noch heute bildet er den Mittelpunkt des Aberglaubens, der sich an die Giebel knüpft.

Der böse Ritter, so erzählt man, hielt auf seiner Burg einen großen Tross von Knechten, die er zu seinen Raubzügen gebrauchte, und eine Handelskarawane musste schon von einer bedeutenden Eskorte begleitet sein, wenn sie der Brandschatzung entrinnen wollte. Auf diesem damals nicht ungewöhnlichen Wege sammelte der Ritter fürstliche Schätze an, die er sorgsam in seiner Burg hütete und in deren Glanz er sich sonnte. Und er war so sehr ein Anbeter des goldenen Kalbes, dass er auch die zarteren Regungen seines Herzens dieser Leidenschaft dienstbar machte. Er suchte sich nämlich viele Bräute. Wo in der Ferne eine reiche Erbin auf einen Gatten harrte, da fand er sich ein, und er wusste ebenso durch seine reckenhafte Gestalt wie durch seine süßen Schmeichelworte das empfindsame Herz dermaßen zu umgarnen, dass sich die Holde mitsamt ihren Schätzen ihm bald ergab. Dann gab es einen kurzen Liebesfrühling, nach dessen raschem Verwelken er sich auf grausame Weise der armen Betrogenen entledigte. In seiner festen Burg, so singt der Dahler Dichter:

Da legte er in Fesseln,
Die ihm gefolgt als Braut,
Bis schmachtend sie vergehet,
Die liebend ihm vertraut'.

Und war sie dann vor Hunger und Gram gestorben, dann zog der treulose Mörder wieder in hochzeitlichem Gewand aus, um eine andere Schöne zu betören, bis auch sie nach kurzer Frist den Weg ihrer Vorgängerinnen gehen musste.

So häufte er Frevel auf Frevel, und er hatte es selbstverständlich nur den verkehrt angeschlagenen Hufeisen seiner Rosse zu verdanken, dass sie lange, lange unentdeckt blieben. Endlich aber kamen auch seine Sünden ans Tageslicht.

Das Heilige Femegericht hatte sein Ohr den Klagen der Unterdrückten und Beraubten geliehen und ließ durch einen Fronboten den stolzen Isenburger vor den Freistuhl laden. Der Ritter aber, im Vertrauen auf seine festen Mauern, trotzte dem heimlichen Gericht. Er zerriss die schriftliche Ladung und ließ die dreimal fünfzehn Tage, welche dem Beklagten gegeben wurden, um die Beweise für seine Unschuld zu sammeln, unbekümmert verstreichen. Das „heimliche Thing" aber wurde zur festgesetzten Zeit am sechsundvierzigsten Tag gehalten. Der Freigraf mit seinen Schöffen wartete nach Vorschrift, bis die Sonne „auf dem Höchsten" stand, und er rief dann feierlich in alle vier Himmelsrichtungen mit lauter Stimme den Namen des Beklagten. Aber es erfolgte keine Antwort. Auch hatte der Freigraf keine Veranlassung, dem Angeklagten, der mit „habender Hand und blinkendem Schein" zwar nicht ergriffen, aber doch gesehen worden war, noch eine vierte Notfrist zu bewilligen. Daher verwandelte sich das Vollgericht auf Antrag der Kläger in ein Stillgericht.

Da saß nun der Freigraf unter der alten Linde, umgeben von den Richtern vor einem Tisch, auf dem ein blitzendes Schwert und eine Flechte aus Weidenzweigen lagen, und durch das Gebüsch strichen die Wachen, um unberufene Lauscher fernzuhalten. „Kommt her, die ihr klaget“, rief er. Und die Kläger kamen, es legten nebst sechs Schöffen die Eideshelfer zwei Finger der rechten Hand auf das blanke Schwert und beschwuren des Ritters Schuld. Dann erhob sich der Freigraf würdevoll, sprach nach alter Sitte das Femeurteil und machte damit den Ritter von der Isenburg „unwürdig, rechtlos, siegellos, ehrlos, friedlos, unteilhaftig allen Rechtes“, und überwies nach den Satzungen der Heimlichen Acht seinen Hals dem Strick, seinen Leichnam den Tieren und den Vögeln der Luft und seine Seele Gott im Himmel, wenn der sie zu sich nehmen wolle.

Am nächsten Tag wurde das Urteil der Feme, das den Ritter an Leib und Leben strafte, an die Pforte seines Schlosses angeschlagen. Dort riss er es zwar ab, aber als er bedachte, welch eine furchtbare Gewalt die Heilige Feme hatte, und dass es schier unmöglich war, den Händen der vielen Tausend Wissenden, die ihr an allen Orten dienten, zu entrinnen, da verließ ihn doch der Mut. Darum vergrub er bald den größten Teil seiner Schätze, unter denen sich wunderbarerweise eine Wiege voller Gold befand, an verschiedenen Stellen in der Nähe seiner Burg und beschloss, heimlich sein Raubnest zu verlassen und in der Ferne, im sonnigen Süden, wohin der Arm der Feme damals nicht mehr reichte, eine neue Heimat zu gründen. Seine Schätze gedachte er sich dann durch vertraute Knechte allmählich nachbringen zu lassen. – Sein Abzug verzögerte sich indes, weil damals gerade die Nächte, die er zu seiner Flucht hätte nutzen müssen, mondhell waren. So musste er notgedrungen noch etliche Tage auf seiner Burg verweilen. Zwar war er hier sicher, aber dem an Luft, Freiheit und Bewegung gewohnten

Mann war dieser unfreiwillige Hausarrest hinter den dumpfen Mauern wie eine Gefangenschaft hinter Kerkerriegeln. Darum ging er nach zwei Tagen hinaus in den nahegelegenen Wald, um ein kurzes Stündlein dem Weidwerk zu obliegen. Aber von diesem Jagdritt kam er nicht wieder zurück … Als man ihn am nächsten Tag suchte, da fand man ihn aufgeknüpft an einer Eiche, und darunter stak der Dolch mit den geheimnisvollen Zeichen der Feme. Er war gerichtet!

Kurze Zeit danach wurde auch durch ein Aufgebot der Dahler, trotz der tapferen Verteidigung durch die treu gebliebenen Knechte und die beiden hinterlassenen Töchter des Ritters, das Raubnest erstürmt, und niemand der Insassen entrann dem Schwert. Die Burg aber wurde fast völlig dem Erdboden gleichgemacht, selbst die Natur nahm an diesem Akt der Gerechtigkeit Teil. Wo die stolzen Mauern und Türme gestanden hatten, da bildete sich ein Sumpf, dessen grüne Oberfläche sich heute noch abhebt vom dunklen Heidekraut, und in der Tiefe schreien unheimliche Unken es aus, dass ein Fluch auf dieser Stätte liegt.

Seit jener Zeit aber geht der letzte Ritter von der Isenburg gespenstisch in seinem Burgbann um. Von dem Wall aus, wo der Heiligen Feme rächender Arm ihn traf, reitet er[*)] auf fahlem Ross um Mitternacht dorthin, wo sich einst seine stolze Burg erhob. Da sprengt er hin und her und jagt im Kreis herum, als wollte er den Sitz seiner Ahnen wieder aus der Erde stampfen. Endlich, nach zwölfmaligem Umritt, steigt er ab und beugt wie betend seine Knie an der Stelle, wo man ehemals seine Vorfahren begrub und wo noch heute eine gemauerte Gruft sich

---

*) Der Wald heißt heute noch zur Erinnerung an den gespenstischen Reiter „Reuterschlade“.

befinden soll. Dabei hört man ihn laut klagen und weinen, eine verlorene Seele, die keine Hoffnung mehr hat. Wenn aber vom Kirchturm zu Dahle der Schlag der ersten Morgenstunde herübertönt, dann zerstäubt sein Ross zu Nebel, und er sinkt hinunter in die Tiefe, um die Schätze zu bewachen, an denen sein Herz so sehr hing.

So treibt er's zu gewissen Zeiten Nacht für Nacht. Und viele wollen ihn dabei gesehen haben, dennoch hat er bis jetzt niemandem ein Leid zugefügt. Denn nur jener Frevler, der dem wohlverdienten Gericht hienieden entging, setzt seine Untaten auch nach seinem Tode fort, während der Gerichtete bis zum jüngsten Tag ein stiller Büßer bleibt. Aber, vom Zauber der Sage umsponnen, schreitet der einsame Wanderer trotzdem mit Grausen an jener Stelle vorüber, wo das Umgehen des gespenstischen Ritters das unerbittliche Walten der Weltordnung verkündet.

Den Schätzen des Isenburgers haben seit alten Zeiten viele Dahler nachgegraben, und wenn sie auch weder Spange noch Becher, weder Silber noch Gold aus der Tiefe geholt haben, so lebt doch mancher ernste Mann noch immer in der hoffnungsvollen Überzeugung, dass der Tag kommen wird, wo man die versunkenen Schätze hebt. Und dann – ja dann –, so geht die Sage, dann wird das kleine Dahle zu einer großen, berühmten Stadt werden, in der aller Verkehr des Sauerlandes seinen Mittelpunkt finden wird. Von Neuenrade wird dann nichts mehr übrig bleiben als ein wüster Steinhaufen, wo Käuzchen schreien und Uhus heulen. Und wo das betriebsame Werdohl jetzt steht, da wird eine Wüste sein, in deren Mitte ein einziger, wilder Rosenstrauch noch erzählt von der *rosa conjuncta spinis*, der Rose, die dort einst unter Dornen blühte.*)

Die weißen Jungfrauen auf der Giebel

Wenn abends und morgens der Nebel über unseren Bergen liegt und nur die einsamen Gipfel noch im rosigen Licht darüber stehen wie Leuchttürme, die aus den Wassern ragen, und wenn dann leise der Morgen- und Abendwind mit den Nebelschwaden spielt, dann, so haben wir es bereits erzählt, heben sich häufig seltsam geformte Gebilde aus der durcheinanderwogenden Flut. Oft genug gehört nur wenig Phantasie dazu, um eine erschreckende Ähnlichkeit mit menschlichen Gestalten darin zu entdecken, die in wallenden, weißen Gewändern wie im Geisterreigen durch die Luft dahinschweben. Und wenn man ihnen nahe kommt, erwecken sie durch das seltsame Prickeln der auf der Haut zerplatzenden Nebelbläschen das Gefühl, als ob man von spinnwebenartigen Gewändern berührt würde, und manchem rieselt dann ein eiskalter Schauer den Rücken hinunter.

Das Volk sieht in diesen Nebelstreifen umherirrende Geister, und zwar fast ohne Ausnahme weibliche Schemen. Dieses sanfte, leise Einherziehen, wie in einem feierlichem Reigen, diese ästhetischen Bewegungen, bei denen Wind und Nebelwolke zusammenwirken, besitzen tatsächlich einen weiblichen Charakter. Und schon unsere heidnischen Vorfahren haben ihr achtsames Auge auf diese Gestalten gelenkt. War es nur e i n e F i g u r, so sahen sie darin die Wolken- und Luftgöttin Frigga, Wotans

---

*) Nach einer anderen Version soll dieser großartige Umschwung nach einem großen Krieg erfolgen, dessen Hauptschlacht auf der Giebel geschlagen werden wird.

Gemahlin, die Spenderin des Lebens und der Fruchtbarkeit, die Beschützerin des „ewig Weiblichen“, das ja auch wie die bewegte Luft und die tauende Wolke Leben und Segen auf Erden ausstreut. Waren es mehrere Schwaden, dann spann die Sage eine Geschichte daran. Sie setzte die Nebeljungfrauen in Verbindung mit den untergegangenen Geschlechtern auf zerstörten Burgen, sah in ihnen die Burgfräulein und ließ sie, den Schlüsselbund an der Seite und die Spindel in der Hand, die versunkenenm Schätze der väterlichen Zitadellen hüten. Doch meistens behielten sie noch einzelne Wesenszüge aus dem Bild Friggas oder Frau Holdas bei. Bisweilen ging auch die spätere Vorstellung vom dämonischen Charakter der alten heidnischen Götter und Göttinnen auf diese Jungfrauen über. Dann wurden sie zu verwunschenen Schönen, die nur im Kampf mit dämonischen Kräften erlöst werden können. Oder man sah in ihnen bestrafte Frevlerinnen, die als Geister ihre Schuld büßen mussten. Als neckische, boshafte, verderbenbringende Spukgestalten führen sie dann den Wanderer in die Irre, stürzen ihn in einen Abgrund oder lassen ihn im Wasser versinken.

Burgfräulein mit Schlüsselbund und Spindel wandeln seit alten Zeiten auf den Höhen der nebelreichen Giebel umher. Das Volk sieht in ihnen die Töchter des letzten Ritters von der Isenburg, deren Bewohner, wie wir eben erzählten, sich dicht an der viel genutzten Frankfurter Handelsstraße als eigenmächtige Zoll- und Steuereinnehmer betätigten, und denen auch ab und zu ein ganzer Warenzug in die Hände fiel. Als die Burg zerstört und die zusammengeraubten Schätze vergraben und versunken waren, da blieben die Geister der beiden Fräulein, die bei der Verteidigung der väterlichen Burg gefallen waren, an ihre alte Heimstätte gebannt. Sie konnten die Burg ihrer

Väter, die Tummelplätze ihrer Kindheit und die vielen glänzenden Kleinodien, mit denen sie erst gespielt und die sie dann gehütet hatten, nicht vergessen. Auch heute noch gehen sie oftmals dort oben um. Abends, wenn der Nebel zieht, kann ein halbwegs „übersichtiges“ Sonntagskind sie sehen, wie sie hinübergleiten zur Ismecke, dem kleinen Bächlein, das in der Nähe der Burgtrümmer verläuft. Dort waschen sie in der kristallenen Flut ihre Füße, heben sich dann empor und tanzen im Mondschein ihren Reigen auf der grünen Wiese. Aber hüten sie auch heute noch ihre Schätze? Ist es vielleicht die Angst vor frechen Räubern, die sie so wachsam den grünen Sumpf in der braunen Heide umkreisen und keinen Wanderer unbegleitet vorbeiziehen lässt? Manchmal sagt man es ihnen nach, aber nach den „ältesten und glaubwürdigsten“ Berichten zu Unrecht. Zwar wollen auch sie – wie alle schatzhütenden Geister – sich ihre Schätze nicht ohne ihr Wissen und nicht durch eigenmächtiges Vorgehen der Menschen rauben lassen. Da wehren sie sich. Sie verteidigen dann das ererbte Besitztum so lange und so mächtig wie sie können, und sie weichen nur dem, der sie durch übermächtigen Zauber zu bannen versteht. Wohl begleiten sie den Wanderer, der in der Nähe ihrer unterirdischen Schatzkammern vorüberzieht, und schweben ihm zur Seite, bis er aus ihrem Gebiet herausgetreten ist. Aber dass sie das aus Argwohn täten, das ist nur die böse Nachrede derer, die sich entschuldigen wollen, dass sie so ungern über die Giebel pilgern wie ehemals die Kaufleute, als noch die alten Raubritter dort oben sie zu brandschatzen pflegten. Vielmehr bilden die Jungfrauen die geisterhafte Eskorte der Wanderer nur deswegen, weil sie hoffen, von ihnen angesprochen zu werden und sich dann durch die Herausgabe ihrer blutbefleckten Schätze ihres Fluches entledigen zu können. Allgemein sagt man ihnen nach: Wer den Mut habe, dort oben in der einsamen Höhe, wo alles zusammenwirkt, um dem Furchtsamen das Grauen ins Gebein zu jagen, sie anzureden, und wer den richtigen Gruß trifft, dem werde der Schatz bereitwillig so deutlich gezeigt, dass er ihn heben kann.

Man weiß nicht nur das, sondern man kennt sogar die Anrede genau, welche die Jungfrauen fordern. Es ist nicht bloß die alte Formel, mit der man zweifelhafte Geister anspricht: *„Alle guten Geister loben Gott den Herrn, ihr Jungfrauen, was ist euer Begehr?“* Sie verlangen eigentümlicherweise, dass man seine Anrede nicht auf sie allein münzt und sich hochmütig gebärdet, als wäre man besser als sie, die gebannten Geister. Sie halten sich für berechtigt, das Misstrauen gegen sie, das in einer solchen Anrede liegt, auch ihrerseits den Menschen entgegenzubringen. Wer darum recht zu ihnen reden will, der muss sich selbst mit einschließen: *„Ich und alle guten Geister loben Gott den Herrn.“* Wer das nicht tut, der wird von ihnen als böser Geist angesehen, der nur gekommen ist, sie zu behelligen und sie auszubeuten. Ihm gegenüber werden sie dann höchst unangenehm. Die zarten, nebelhaften Hände nehmen dann eine empfindliche Härte an, und sie pflegen meist den Wangen des Frevlers etwas anderes zukommen zu lassen als ein Streicheln.

So erfuhr es vor Zeiten ein vorwitziger Dahler, der auf die Höhe hinaufgestiegen war und bald in gewohnter Weise von den beiden Jungfrauen in Empfang genommen wurde. In dem Grauen, das ihn überfiel, dachte er nicht daran, dass die Jungfrauen für ebenso gute Geister gehalten werden wollen als die Menschen, und er betete bloß: *„Alle guten Geister loben Gott den Herrn, ihr Jungfrauen, was ist euer Begehr?“* Da ergrimmten die Schwestern. Sie fuhren auf ihn nieder und gaben ihm so nachdrückliche Beweise dafür, dass sie ihn für einen bösen Geist hielten, dass er bald mit übernatürlich geschwollenen Backen heimwärts rannte und erst wieder langsamer ging, als er schon weit aus dem Gebiet der beiden Fräulein heraus war.

Dadurch war wiederum in der Volksmeinung der Beweis erbracht worden, dass ihre Sage richtig sei, wenn auch keiner bisher in klingendem Metall aus dem gehobenen Schatz den einzig wirklich gültigen Beweis hat erbringen können, dass die weißen Jungfrauen bei der richtigen, demütigen Ansprache ihre Schatzkammern zu öffnen gewillt sind. Einmal sind die gespenstischen Damen auch noch in unserem „geisterlosen" Jahrhundert in ihrer alten Herrlichkeit erschienen:

Es war vor fünfzig bis sechzig Jahren, da hatten die Dahler auf der Giebel eine Markenteilung vorzunehmen, und der alte Förster von Dahle war mit dem „Herrn Oberförster" in den grauen, rieselnden Nebel gegangen, um die erforderlichen Messungen durchzuführen. Damals waren die Oberförster noch Männer vom alten Schlag. Jedenfalls waren sie noch nicht so stark hinter berghohen Stößen von Tabellen und Berichten vergraben wie heute, wo sie den Forst, von dem sie doch ihren Namen haben, wochenlang nicht zu sehen bekommen. Auch war ein Oberförster damals nicht zu denken ohne Flinte und Pistolen, bewaffnet bis an die Zähne. Das gehörte gewissermaßen zu seiner Amtstracht wie auch die lange, einläufige Entenflinte, deren weites Kaliber jedes Mal wenigstens eine Handvoll Pulver erforderte. Dadurch wurde sie zu einer Art Feldschlange[6] oder Gebirgskanone. Darüber hinaus standen diese Herren im grünen Kleid, wahrscheinlich wegen ihres ständigen Aufenthalts

[6] Kanone.

in der zehrenden und austrocknenden Luft, damals in dem Ruf, dass sie stets großen Durst besaßen.

Nachdem sich also die beiden Forstleute für den Gang ins rauhe Gebirge einigermaßen gründlich gestärkt und ihre Flaschen gefüllt hatten, stiegen sie in den Nebel hinein. Als sie eine Weile gewandert waren, Grenzen abgemessen und abgeschritten hatten und sich auch zwischendurch etliche Male überzeugt hatten, dass ihre Flaschen noch nicht ausgelaufen seien – wobei übrigens der Förster, zu seiner Ehre sei es gesagt, sich etwas mehr zurückgehalten haben soll – ,fing der Nebel an zu fallen. Er begann, sich dichter und dichter zusammenballend, bald sein wogendes Spiel um sie her. Als sie höher kamen in das Gebiet der Weißen Jungfrauen, wurde es dem Förster ein wenig seltsam zumute. Der Nebel rieselte ihm so befremdlich übers Gesicht, und die Schwaden nahmen so wunderliche Formen an, dass er immer wieder an die beiden geheimnisvollen Luftwandlerinnen denken musste. Er lüftete ab und zu seine Mütze, kratzte sich das ergrauende Haupt und wurde merkwürdig einsilbig und vorsichtig, so dass es seinem Vorgesetzten auffiel. „Was ist Euch?“ fragte er den Förster. „Fehlt Euch etwas?“ „Nein, Herr, nein ...“, antwortete dieser mit etwas unsicherer Stimme. Aber man merkte ihm an, dass er immer unruhiger wurde. Endlich konnte er es nicht mehr aushalten und sagte: „Herr Oberförster, es ist hier nicht geheuer!“ „Ach was“, antwortete der Oberförster, „macht mir keine Spargizzen. Ein Kerl mit Flinte auf dem Buckel fürchtet sich den Deibel vor'm Teufel, und wenn's auch ein dreibeiniger Wolf oder ein sechsbeiniger Esel wäre.“ „Nein Herr“, sagte der Förster, „das ist es auch nicht. Aber – Sehen Sie da!“ und damit zeigte er hinüber nach links, wo zwei seltsam menschenähnlich geformte Nebelgestalten sich losgelöst hatten und nun wie Damen in langer, wallender Schleppe geheimnisvoll ihre Kreise um die beiden zogen. „Das sind die Weißen Jungfern!“ Der Oberförster rieb sich die bereits etwas unsicheren Augen, schaute und schaute, lachte hohl, und stierte abermals hin. Wahrhaftig, es fing auch an ihn, zu grausen. Ja, das waren die beiden Weißen Jungfern, da war kein Zweifel möglich! So konnte der Nebel nicht aussehen, so konnte der Nebel sich nicht hin und her schwingen! „Herr“, sagte der Förster, „ich spüre es, die Jungfern wollen nichts von unserer Markenteilung wissen. Sie sind die Herrscherinnen hier!“ „Dumm’ Zeug“, lallte der Oberförster, riss eine Pistole aus dem Gürtel, zielte und wollte gerade abdrücken, da fiel ihm der Förster in den Arm: „Tut es nicht, Herr! Tut es nicht, Herr!“ Aber es war schon zu spät. Der Schuss knallte – der Nebel bebte durch die Erschütterung, zerriss und zerstäubte –, und die Weißen Jungfrauen waren verschwunden.

Just in diesem Augenblick aber bekam der Oberförster einen „Wank“. Er glitt aus, stürzte nieder, verstauchte sich den rechten Fuß, zerbrach den Hahn seiner Pistole, und – was noch das Schlimmste war – seine Jagdflasche, die schon manchen Sturm erlebt und ihn auf mancher Fahrt begleitet hatte, zersprang in tausend Stücke, so dass das klebrige Naß ins Pulverhorn und in den Schrotbeutel floss. Bleich vor Schrecken stand der Förster daneben und murmelte einen alten. „Helft mir, Förster!“, schrie der andere mit einer Stimme, der man das Entsetzen und Grauen anmerkte. Mühsam erhob er sich dann, griff dem Oberförster unter den Arm und hinkte, so schnell sein Fuß es zuließ, schweigend bergab nach Dahle zurück. Endlich blieb der Förster stehen und unterbrach das unheimliche Schweigen: „So, Herr. Nun sind wir sicher. Hier haben die Jungfrauen keine Macht mehr.“ Dem Oberförster aber war es noch immer nicht geheuer. Er zog seinen Begleiter mit fort, sah sich auch oft ängstlich um, und wurde nicht eher ruhig, als bis er sicher geborgen wieder in der Wirtsstube in Dahle saß.

Da machte ihm der Förster kalte Aufschläge auf den geschwollenen Fuß und murmelte dabei: „Das haben die Weißen Jungfrauen getan." Und als die Pistole besehen wurde, welcher der Hahn fehlte, meinte er wieder: „Das haben die Weißen Jungfrauen getan." Und als nun gar die Jagdtasche geöffnet wurde und sich die Bescherung fand, die Scherben, das nasse Pulver, die klebrigen Schrotkörner, da sagte er noch einmal: „Das haben die Weißen Jungfrauen getan." Der Oberförster aber sagte nichts, als wäre er stumm geworden …

Die Schatzgräber bei der Isenburg

Überall, wo im Bergland alte Burgen gestanden haben, gehen auch die Sagen von versunkenen, mehr oder minder wertvollen Schätzen und mannigfache Geschichten von Schatzgräbern um, die sie heben wollten. Dass es einem dieser „goldenen Maulwürfe" gelingt, seinen Zweck zu erreichen, das kommt fast lediglich in Märchen vor. Die Sage kennt in der Regel nur um ihre Hoffnungen geprellte Schatzgräber.

Doch die Schätze der Giebel, die bei der zerstörten Isenburg liegen, scheinen eine Ausnahme zu bilden, indem sie wenigstens teilweise einmal gehoben worden sein sollen. Dass sie da gewesen sind, und sich zum Großteil noch dort finden, das weiß jedes echte Dahler Kind. Die Sage von dem ungeheuren Vorrat an silbernen und goldenen Gefäßen, Geräten und Münzen, welche die Giebeler Ritter einst zusammengeraubt und dann vergraben haben, ist so klar und deutlich, und die Wahrzeichen der versunkenen Schätze, die tanzenden blauen Flämmchen, die sogenannten Geldfeuer, sind von vielen, nicht bloß Einzelnen, sondern von ganzen Gesellschaften gesehen worden. Jedoch, so oft man den wegweisenden Lichtern nachging und nachgrub, fand man nichts als Erde und Steine. Aber das war noch kein Gegenbeweis. Denn es existierten nicht bloß diese Schatzzeichen, die wegen ihrer Beweglichkeit immer etwas unsicher sind.

Der bereits erwähnte Förster fand nämlich eines Tages an der „Reuterschlade“ einen Baum, der unter seiner Rinde eine Menge eiserner Plättchen trug, also ganz zweifellos ein Merkzeichen sein sollte, an dem man diese Stelle wiedererkennen konnte. Und was für ein Interesse sollte man gehabt haben, auf der hohen Giebel so mühevoll einen Ort kenntlich zu machen, wenn dort nicht Schätze vergraben gewesen wären, die zu heben sich der Mühe lohnte und deren Entdeckung man durch solche Erkennungszeichen ermöglichen wollte! Und wie sollte man sich's ferner erklären, dass sich so häufig in den alten Mauertrümmern der Isenburg Töpfe und in dem vielfach durchwühlten Boden so zahlreiche Topfscherben fanden? Zwar waren die Gefäße stets leer, und bei den Scherben lag keine Spur von Geld oder Kostbarkeiten, aber waren denn nicht bekanntermaßen solche Kessel von je her für die Küche der alten Raubritter entbehrlicher gewesen als für die Unterbringung ihrer zahllosen Schätze? Und könnte man schließlich annehmen, dass so viele der ernstesten und verständigsten Leute, die dort oben bis auf die neueste Zeit Schätze gesucht haben, nur leeren Phantomen nachgejagt hätten? Kurz, an dem alten Glauben an die Schätze auf der Giebel darf man nicht mit unverschämten Zweifeln zu rütteln wagen. Zum endgültigen Beweis für das Vorhandensein der Kostbarkeiten erzählt man aber folgende Geschichte:

Zu jener Zeit, als um die Lenne herum noch überall Bergbau getrieben und die kleinen, in unser Grauwacke-Gebirge eingesprengten Lager von mancherlei Erzen ausgehoben wurden, da zogen im Sauerland viele fremde Bergleute umher. Es waren meist Ausländer, die es verstanden, die spärlichen und unbedeutenden, oft aber überraschend schönen Erzgänge aufzuspüren und dann nicht bloß sie, sondern auf diese Weise auch die Unternehmer und Grundeigentümer auszubeuten. Bergmannsarbeit hat immer etwas Geheimnisvolles an sich. Die Leute, die unerschrocken das edle Metall aus der unheimlichen Tiefe holen, wo die Schatzgeister hausen und die kunstreichen Zwerge die seltensten Kleinodien hüten, achtete man einst in unserer Gegend allgemein übernatürlicher Kräfte kundig. Kein Wunder also, dass man sich an sie wandte, wenn man etwas in der Erde vermutete und besonders, wo die Sage von verborgenen Schätzen erzählte.

So kam auch einst in seiner Tracht ein ausländischer Bergknappe nach Dahle, wo man in der Nähe einige wenig ergiebige und bald wieder verlassene Schächte betrieb. Sein ungewohnter Dialekt, vermischt mit etlichen, dem Laien unverständlichen Kunstausdrücken, trug dazu bei, die einfachen Dörfler in der hohen Meinung von den Talenten des auswärtigen Mannes zu bestärken. Als nun abends die dörflichen Honoratioren im Wirtshaus ihr Pfeifchen rauchten und über dieses und jenes redeten, da setzte sich mit höflicher Verbeugung der fremde Bergmann zu ihnen. Es dauerte nicht lange, da war ein höchst angeregtes Gespräch im Gange, dessen

Thema selbstverständlich Geschichten „aus dunklen Schachten“ bildeten.

Der Bergmann erzählte unterhaltsam, und als er merkte, mit welch ehrfürchtiger Scheu seine Zuhörer aufhorchten, wenn er die Geister aus der Tiefe erwähnte, da sprach er noch interessanter und spannender. Und bei den freigiebig mitgeteilten Geschichten von seinen Begegnungen mit dem Bergmönch, ja, mit dem leibhaftigen Teufel selbst, die er in der furchtbaren Tiefe erlebt haben wollte, wurde den biederen Leuten ganz unheimlich zumute. Ihre Augen hingen gebannt an dem Angesicht des fremden Mannes, ihre Haare sträubten sich, und bei den wichtigsten Passagen gingen ihnen sogar die Pfeifen aus. Man konnte deutlich bemerken, wie ihnen das Grauen bis in die kleine Zehe hinunterlief. Endlich ging einer nach dem anderen.

Zuletzt war nur einer noch bei dem Bergmann geblieben. Der hatte augenscheinlich schon lange etwas auf dem Herzen gehabt, denn er rückte sein Mützchen unaufhörlich hin und her, kratzte sich in den Haaren, öffnete mehrmals seinen Mund, als trage er sich mit einer inhaltschweren Frage. Als die anderen alle fort waren, rückte er nahe an den Bergmann heran, stieß ihm freundschaftlich und bedeutungsvoll den Ellbogen in die Rippen und sagte: „Bitte um Vergebung, Herr Bergmann. Könnt Ihr auch versunkenes Gold heben?“ „Dees ischt mir scho a G’ringes“, antwortete der zungenfertige Südländer und war gleich mit einer schaurigen Geschichte bei der Hand, in welcher er nicht ohne einige Selbstgefälligkeit dem erstaunt Zuhörenden den Beweis lieferte, wie er mit den Schatzgeistern umzuspringen verstand. Dazu zeigte er ihm noch allerlei Amulette und deutete geheimnisvoll an, dass er auch in der schwarzen Kunst wohlbewandert sei.

Da gewann der Dahler großes Vertrauen zu dem Bergmann, erzählte ihm von den vergrabenen und nun sicherlich versunkenen Schätzen bei der Isenburg und erbot sich, wenn er mit ihm teilen wolle, ihn zu der Stelle zu führen. Doch verhehlte er ihm nicht, dass die Sache einen gewaltigen Haken habe. Der gespenstische letzte Ritter auf seinem fahlen Ross und die Weißen Jungfern hüteten nämlich den Schatz, und man wisse nicht, wie man sich mit ihnen vorzusehen habe. Der Bergmann ging bereitwillig auf den verlockenden Vorschlag ein. Er erklärte, mit dem schwarzen Reiter und den beiden Fräulein wolle er schon fertigwerden, und er war bereit, sofort in dieser Nacht den Versuch zu machen. Niemand konnte froher sein als unser Dahler. Flugs zahlte er für den Bergmann die Zeche, fasste ihn unter den Arm, holte aus seinem Haus einen Spaten, und machte sich mit ihm auf den Weg.

Als sie nun in die Gegend kamen, wo das Gebiet der Isenburger Gespenster begann, stellte sich der Bergmann in Positur. Er hieb mit seiner Hacke in die vier Himmelsrichtungen in die Luft, murmelte mit hohler Stimme seine Bannsprüche und einen langen Schatzgräbersegen, aus dem unser Freund nur die Namen Caspar, Melchior und Balthasar heraushörte. Dann schlug er abermals seine Hacke auf die Geister, die in der Luft hausten, und erklärte, nun habe die Sache keine Gefahr mehr. Die Geister seien gebannt. Nach einer Weile kamen die beiden auch unbehelligt in die Nähe der Isenburg und des grünen Sumpfes, wo die Schätze liegen sollten. Der Bergmann hatte mit geheimnisvoller Kunst sehr bald den richtigen Platz zum Schatzgraben erkundet. Er gab dem anderen seine Hacke und befahl ihm, mit der Arbeit einstweilen allein zu beginnen, da er noch zuvor nach den

Geistern Umschau halten müsse. Bald werde er ihn ablösen.

Der Dahler begann im Schweiße seines Angesichtes zu hacken und zu graben, und neben der Habgier beflügelte die Furcht seine Arbeit. Denn es war ihm, als höre er ein unheimliches Rauschen in der Luft und ein Gewirr von mancherlei geisterhaften Stimmen. Indes, diese Art von Arbeit war ihm ungewohnt, und bald rief er dem Bergmann ermüdet zu: „Jetzt muss ich mich erst einmal ausruhen." – Da nahm ihm dieser den Spaten ab und grub sich mit geübter Hand und mit der Geschwindigkeit eines Maulwurfs in die Erde, wie es dem anderen schien. Bald war nur noch sein Hut zu sehen. Auf einmal gab es in der Tiefe einen dumpfen Ton, als träfe der Spaten auf einen hohlen Raum. Atemlos lauschte der Dahler. Das konnte ja nichts anderes als der Schatz sein! Zu gleicher Zeit sprang auch der Bergmann jubelnd aus seiner Grube und fragte: „Bäuerle, haschte a Sack?" „Ach Gott, nein, Herr", lautete die Antwort, „den habe ich ganz vergessen". Da fuhr der Bergmann auf, schimpfte auf den Kindskopf von Bauern, der einen Schatz heben wolle und den Sack vergesse. Er befahl ihm, umzukehren und einen Beutel zu holen. Er schärfte ihm ganz besonders ein, dass er rennen müsse, so rasch ihn seine Füße trügen, damit er noch vor Ablauf der Geisterstunde wieder zurück sei. Der Dahler stob denn auch wie ein Windhund davon, fand glücklicherweise daheim ohne langes Suchen einen alten Zweischeffelsack und kam nach kaum einer dreiviertel Stunde eilenden Laufes schweißtriefend und atemlos wieder zu der Stelle.

Aber als er ankam, da war alles still und öde. Kein Bergmann war zu sehen. Nur auf den alten Mauerresten der zerstörten Burg saß ein Käuzlein und schrie: „Kiwit,

Kiwit!“ Was war da passiert? Hatten die Geister den Bergmann in die Tiefe gezogen? Hatten sie ihn vielleicht gar in das klagende Käuzlein verwandelt? Aus Leibeskräften, als wollte er sich die Lunge sprengen, schrie der Dahler: „Herr Bergmann, wo sind Sie?“ Aber kein Bergmann ließ sich sehen und hören. Endlich tönte aus der Ferne eine Stimme: „I hob mei Teil, hol dir's deine.“ Und da war es unserem Freund auch, als sehe er einen schwer schleppenden Mann durchs Heidekraut schleichen. Gerne wäre er ihm nachgelaufen, aber er dachte an das Ende der Geisterstunde und hoffte, der redliche Finder werde ihm wirklich seinen Anteil zurückgelassen haben.

Darum ließ er den Fremdling ziehen und stieg eilends, mit dem Spaten bewaffnet, wieder zur Grube hernieder. Aber, ach! – Die war schon halb wieder mit Erde gefüllt. Doch der Dahler, noch immer an die Redlichkeit seines Partners glaubend, meinte, der habe wohl nur den Schatz wieder bedeckt, damit die Geister seiner nicht ansichtig würden, um ihn aufs Neue verbergen. Er begann deshalb in Eile, die lockere Erde wieder auszuwerfen. Da, auf einmal war es ihm, als höre er deutlich durch die stille Nacht den Schlag der Turmuhr in Dahle: Eins! Ängstlich warf er seinen Spaten hin und sprang mit einem Satz aus der Grube. Aber, augenscheinlich dank der Beschwörungsformeln des Bergmannes, blieb alles still um ihn herum. Auch in der Grube gab es keine Veränderung. Kein Erdbeben, kein Donnerschlag ereigneten sich, was auf das Versinken des Schatzes hätte deuten können. So stieg er wieder hinunter und grub und grub. Aber er hätte wahrscheinlich bis zum Jüngsten Tage weitergraben können und würde doch nichts als Erde und Felsgestein gefunden haben. Erst, als er gänzlich ermüdet fast zusammenbrach, ging ihm ein Licht auf. Der Schatz war wirklich dagewesen, aber der schlaue Bergmann hatte ihn gehoben und ihm nur das kahle Nachsehen gelassen. Obendrein hatte er ihn in der dunklen Nacht herumgejagt wie ein Rennpferd.

Heftiger Zorn tobte in seiner Brust. Aber was half's! Der Bergmann hatte wenigstens eine Stunde Vorsprung; auch war in der dunklen Nacht gar nicht zu erkennen, wohin er sich gewandt haben mochte.

In elender Körper- und noch elenderer Gemütsverfassung nahm der Dahler deshalb seinen Spaten auf die Schulter und schlich unter schweren Gedanken wieder heim. Zur Wut auf den betrügerischen Fremdling gesellte sich der Zorn über die eigene Dummheit. Ja, er kam sich vor wie ein Frevler an seiner Gemeinde, da er unzweifelhafte Dahler Güter dem Fremden verraten und ihm in die Hände gespielt hatte, worauf doch eigentlich nur ein Dahler Besitzansprüche besaß.

Als er am nächsten Abend wieder mit seinen Genossen hinter dem Wirtstisch saß, beichtete er sein ganzes trauriges Erlebnis, und keiner bezweifelte, dass der fremde, bergkundige Mann den Schatz wirklich gehoben habe. Aber keiner wollte ihm glauben, dass er so ganz leer ausgegangen sei. Und als der unglückliche Schatzgräber, gewitzt durch diese Erfahrung und bestärkt in der Überzeugung, dass das alte Sprüchlein „Bete und arbeite“ den sichersten Weg zum Wohlstand zeige, nach einiger Zeit anfing, durch Befolgung dieser Regel auf einen grünen Zweig zu kommen, da sagte man ihm allgemein mit großer Bestimmtheit nach, er habe eine schwere, goldene Kette da droben gefunden, die dem Bergmann bei seiner Flucht entfallen sei. Ja, einige wollten sogar wissen, der

Bergmann habe darüber einen Brief nach Dahle geschrieben, welcher diese Vermutung bestätigte.

Diese Geschichte aber, die man noch immer mit Wohlgefallen erzählt, hat nur dazu beigetragen, die öffentliche Volksmeinung in dem Glauben an die Schätze auf der Giebel zu bestärken. Und noch immer klettert in bestimmen Nächten der eine oder andere Unternehmungslustige hinauf, um sein Glück aus der Erde zu holen. Sie haben auch alle von vornherein einen Sack mitgenommen, aber bis heute hat ihn noch jeder leer wieder zurückgebracht.

Bereits erschienen:

Friedrich Woeste:
Volksüberlieferungen in der Grafschaft Mark

Wissen aus alter Zeit
Zauber- und Segensprüche; Trink- und Wiegenlieder; jahreszeitliche Bräuche; Abzählreime; Mythen; Sagen; Märchen; Fabeln; Rätsel; Aberglaube; Kinderspiele; Wetter- und Bauernregeln; Sprichwörter und Lebensweisheiten: Vor über 150 Jahren sammelte Friedrich Woeste alle mündlichen Überlieferungen, die man ihm im gesamten Großraum Iserlohn anvertraute. Manche dieser uralten Traditionen stammen sogar noch aus heidnischer Zeit.

Dieses Buch enthält die reiche Fülle jener Bräuche, die Woeste vor dem Vergessen gerettet hat. Es lädt ein zu einer spannenden Reise in die Vergangenheit unserer Region.

Die gesamten Texte wurden zusätzlich für diese Neuausgabe erstmals vollständig aus dem Plattdeutschen übersetzt und in eine moderne Schrift übertragen. Das angehängte Wörterbuch zeigt darüber hinaus die Reichhaltigkeit und Lebendigkeit der hiesigen Mundart.

Johann Friedrich Leopold Woeste (1807-1878) war der erste bedeutende Sprach- und Heimatforscher der Grafschaft Mark. Seine Werke gelten als Klassiker und sind im Original überaus selten und gesucht.

Ca. 264 Seiten, kartoniert.
ISBN: 978 -3-932961-59-5.

Bereits erschienen:

Friedrich Woeste:

Iserlohn und Umgegend: Ortsnamendeutung, Ortsgeschichte und Sagenkunde

Die Ortsnamengeheimnisse im Iserlohner Raum

Von Abbabch über Wixberg bis zum Ziegengraben; von Barendorf bis zur Wermingser Straße: Bereits im 19. Jahrhundert erforschte Friedrich Woeste die Ursprünge der Orts-, Straßen-, Bach-, Wald- und Flurnamen rings um Iserlohn und die umliegenden Städte.

Manche dieser Ortsbezeichnungen sind heute nur noch Eingeweihten bekannt, während andere sich bis in die Gegenwart erhalten haben. Sie berichten von längst untergegangenen Geschlechtern, von vorchristlichen Kultstätten und vom alltäglichen Leben in vergangenen Zeiten. Immer wieder streut Woeste Sagen, Anekdoten und alte Bräuche ein, die mit dem jeweiligen Thema verknüpft sind. So wird der Leser in Zukunft die scheinbar vertrauten Orte und Landschaften mit anderen Augen sehen.

„Woeste war der erste, der die heimischen Flurnamen erforscht hat (...) Sein Buch ist heute immer noch für alle, die sich über die Herkunft der Namen von früher selbstständigen Gemeinden, von Straßen oder von Flurbezeichnungen informieren wollen, eine ergiebige Quelle."
Dr. Alfred Meyer

Ca. 160 Seiten, kartoniert.
ISBN: 978 -3-932961-52-6.